U0165349

投資有辦法，
不動產交易救安心

紙上律師 周念暉 著

合抱之木，生於毫末；九層之臺，起於累土

隨著社會發展和人口增長，不動產已成為眾人關注焦點。無論是購屋自住、投資房產，還是處理繼承、資產分割，不動產的相關法律問題無所不在。然而，法律規範的繁瑣與複雜，往往讓人無從下手。作為一名資深律師，我在多年執業中深刻感受到，大眾面對不動產法律問題時的困惑與無力感。每當糾紛發生時，許多人更因缺乏法律知識而陷入不必要的困境。

本書誕生於這樣的背景下。多年來，我在法律實務中處理過大量不動產相關案件，並在不同的部門機構、單位裡，為產官學界人士講述及分享不動產法律課程，並參與許多不動產法相關的論壇與研討會，與業界的專業人士保持密切交流。因此，我決定將這些經驗與知識整理成書，希望幫助讀者在面對不動產相關問題時，能夠更加從容自信地下決定，善用法律保護自身權益。

在撰寫本書時，我特別著眼於讀者的需求，力求以淺顯易懂的方式，將複雜的法律概念簡單化，透過一則則真實的案例來說明每一個法律問題的實際應用。這樣的安排，旨在讓無論是從事不動產行業的專業人士還是普通消費者，人人都可從中受益。

本書涵蓋的內容包括預售屋、成屋、中古屋、法拍屋買賣，房屋租賃，土地分割，遺產繼承與資產傳承，以及都市更新與危老重建等多個面向。我力求在每個章節中，提供具體且可操作的法律建議，幫助讀者避免常見的法律陷阱。

預售屋、成屋及中古屋買賣

購買不動產對許多人而言，往往是人生中一項巨大的投資，而不動產交易的決定，誠如《孫子兵法》所說：「謀定而後動，知止而有得。」每一項決策都應基於充分的資訊與謹慎的判斷。無論是首次購屋者還是投資者，都應該了解其中的法律風險。

本章將詳細探討房屋買賣中的常見問題，例如如何簽訂合法的買賣契約、訂金與尾款的處理，以及過戶登記的流程等。透過這些法律知識，讀者可以在購屋過程中更為順利，並且避免潛在的法律糾紛。

房屋租賃

房屋租賃看似簡單，但背後卻隱含許多法律細節，無論是房東還是房客，租賃契約的條款都是雙方權益的保障。本章將深入探討租賃契約的制定、租金調整與押金的處理，以及租賃糾紛的解決方式，分享如何在租賃關係中，透過清楚訂立的契約，保障雙方的權益，減少糾紛發生的可能性。

法拍屋買賣

法拍屋市場充滿挑戰與機遇，購買法拍屋不僅涉及法律程序的複雜性，還伴隨許多未知的風險。本書將幫助讀者在法拍市場中保持理性，從物件查封、公告、拍賣程序，到點交與產權問題的處理，提供全方位的法律解析，讓大家能夠在風險與回報中，找到最佳平衡。

土地分割

　　土地分割經常牽涉到多方利益，是一項法律程序極為嚴謹的事務。如何確保分割過程中的公平與合法性，正是許多土地所有人關心的課題。本章將解釋土地分割的基本法律程序，包括如何確定分割方案、申請程序，以及可能遇到的糾紛處理方式，讓讀者了解如何依法進行土地分割，確保利益最大化。

合建、都市更新與危老重建

　　隨著都市化的發展，許多老舊建築已不再符合現代居住需求，因此，合建、都市更新與危老重建順勢成為提升房屋品質、改善居住環境的重要途徑。上述這些過程不僅涉及建築結構的更新，更關乎多方權益的分配與法律責任。本章將深入探討合建、都市更新及危老重建的法律規範，特別是合建契約的簽訂、合建方式、權益條款等。此外，針對都市更新及危老重建，我將特別介紹相關法定流程，申請的許可條件及補助資格，幫助讀者了解如何在法律框架內，利用這些政策保障自身權益，並在都市更新及危老重建過程中，成功實現建築及土地價值的最大化。

遺產繼承與資產傳承

　　遺產繼承與資產傳承是每個家庭都可能面臨的重大議題，尤其是一旦涉及大量不動產時，法律程序將更加複雜。本章將詳細介紹遺產繼承的法律程序，從遺囑的訂立到法定繼承的順序，以及如何合法分配不動產資產，避免家庭成員之間的爭執。至於資產傳承則聚焦於如何透過法律手段，確

保資產得以順利傳承至下一代，並且避免稅務上的負擔。

老子《道德經》有云：「合抱之木，生於毫末；九層之臺，起於累土。」每一個不動產決策、每一個法律程序，都是一個長期的過程，我們需要從細節入手，穩步推進。透過了解法律的運作機制，方才能夠在變化多端的環境中順利保障自身權益，並在未來的不確定性中保持穩定與成長。

這本書不僅是一部不動產法律的實務指南，更是我多年法律實務經驗的總結。衷心希望讀者朋友們能夠透過本書掌握不動產法律的核心知識，並在實際應用中更加得心應手，有效保護自己的權益。至於正在苦於不動產相關法律問題的人們，我更真誠期望這本書能夠成為你們的法律指引，幫助你們在不動產法律的海洋中找到正確的航向。

周念暉

不僅是一種約束，法律更是多重保障

　　「中華民國不動產經營管理協會」長期以來，持續透過協會平台，結合各方專業人事及資源，並且持續開設不動產相關知識教育課程，期待與各界菁英合作，共同推動產業進步與發展。

　　而觀現今瞬息萬變的經濟局勢中，不動產產業面臨著前所未有的挑戰與機遇。不僅是政策法規的轉變更迭，市場環境的變動更讓不動產專業知識的掌握，愈顯重要。而法律作為維護產業健康發展的基石，對於從業人員而言，更是不可或缺的利器。

　　在過去幾年，周念暉律師在協會中開設了多場不動產法律相關課程，他的授課內容深入淺出，能夠將複雜的法律條文與案例，透過淺顯易懂的語言解釋給學員們理解。從不動產交易的法律風險，到契約的規範分析，再到產權紛爭的解決機制，無一不在他的專業講解中得到細緻而具體的呈現。每一位學員無不對他的豐富知識及實務經驗讚嘆不已。更重要的是，他總是能夠以法律為基礎，站在客觀公正的角度，為大家提供最實用且具操作性的法律指導。

　　法律不僅僅是一種約束，更是一種保障。當市場動盪或規範變革時，對法律的深刻理解與靈活應用，將成為於不動產領域守護自身權益的重要基礎。

林宏澔

中華民國不動產經營管理協會理事長
宏國科技大學副教授

更直觀地理解，活用法律保障自身權益

「台北市建築經營管理協會」多年以來持續與「創世紀不動產教育訓練中心」，共同推動不產從業人員的合作與教育等目標，會員及學員至今已累積數千人。而周念暉律師除了在「台北市建築經營管理協會」擔任理事之外，同時在協會中擔任講師，為協會會員、學員們講授相關不動產法律課程，讓大家總能在課程中，獲得滿滿的不動產知識與收穫。

此次，周念暉律師更將其多年來在不動產法律領域的深厚體會與經驗，濃縮成就新書《投資有辦法，不動產交易救安心》的問世！本書不僅僅是法條的說明與介紹，更是充滿了實務案例與法律觀點的精闢解析。

無論你是初次進入不動產領域的新人，還是久經沙場的業界老手，甚至是對不動產法律深感興趣的一般讀者們，相信大家都能在此找到豐富的知識與啟發。書中涵蓋了不動產法規的基本原理、常見的法律爭議以及解決途徑，透過有系統且實際的案例分析，讓讀者們能夠更直觀地了解，如何運用法律保障自身權益。

在此，我誠摯推薦這本書給所有從事不動產行業的朋友、法律專業人士，以及對不動產法律有興趣的讀者們。相信大家在閱讀此書後，都能夠對不動產法律擁有更深入的理解，並在實務中靈活運用所學，提升自身的專業素養。

林言峰

臺北市建築經營管理協會理事長

不動產法律領域的指路明燈

　　我與周念暉律師相識多年，他不僅是法律領域的專家，更是對不動產法律有著深厚理解與豐富實務經驗的專業人士，其智慧與洞見始終讓我深感欽佩。他不僅僅是法學的傳道者，更是將理論落實於實務的實踐者。這本書，正是他多年心血結晶的展現。

　　經驗是知識的源泉。要真正掌握一門學問，不僅需要深入的研究，更需要實踐的累積與反思，而周律師將其深厚的法學知識與多年的實務經驗結合，為業界提供了清晰而實用的法律指導，這本書中所蘊含的智慧和洞見，對於任何從事不動產相關工作的人士來說，都是無可取代的寶貴資源。

　　我和周律師一樣，與不動產有著深厚的情感，因為自從1985年《住展》雜誌創立以來，團隊就一直秉持著為大眾提供最精準、最即時的房地產資訊的使命，可說是見證了台灣房地產市場數十年來的風雲變遷，更深知在瞬息萬變的市場中，掌握專業且可靠的數據資訊，對於業界專業人士的重要性。然而，法律法規的影響不容忽視，須知「法律的生命力不在於邏輯，而在於經驗。」法律並絕非只是理論推理的產物，其真正價值在於實務操作中的應用。因此，將法學理論與實務操作有機結合，正是提升專業水準和應對市場變化的關鍵。

　　隨著市場環境不斷變化，法規更新的速度也隨之加快。如何掌握最新的法律資訊並靈活應對，是每位業界人士不可忽視的課題。周律師在書中以深入淺出的方式，結合實務經驗與案例解析，為讀者提供清晰的指導與

解答。無論是剛入行的新人，還是經驗豐富的業界老手，都能從中學習到寶貴的法律知識與實務應對策略。

許多人會把法律與麻煩事連結在一起，不過有句話是這麼說的：「法律的目的不在於限制或約束，而是保障與擴展自由。」由此可見，唯有理解並善用法律，才能讓我們在不動產領域中游刃有餘，實現更高的專業成就，而本書的問世即可填補從業人員在不動產法律知識上的不足。

我誠摯推薦這本書給所有法律專業人士，以及對不動產法律有興趣的讀者，相信大家在閱讀此書後，都能對不動產法律有更深入的理解，並在實務中靈活運用所學，提升自身的專業素養與競爭力。

最後，感謝周念暉律師將其多年心血化為文字，與大家分享他的智慧與經驗。希望這本書能成為不動產法律領域的指路明燈，幫助大家在競爭激烈的市場中，走向更光明的未來。

徐珍翌
《住展》雜誌董事長

在合法合規的情況下，保障自身權益

　　「透明房訊／104法拍網」於1986年成立，提供全台各地法拍屋拍賣資訊及法拍屋教育課程。隨著不動產市場的變化及社會經濟的起伏，法拍屋市場在近年來成為許多人投資與購屋的重要選擇。然而，由於法拍屋交易涉及複雜的法律程序和風險判斷，對於一般投資人來說，理解其中的法律細節與防範潛在風險，往往是進入這個市場的最大挑戰。

　　我與周念暉律師是在相關課程中合作並結識，對於周念暉律師在課程中，總是能以簡明扼要、清楚易懂的方式為學員們解析法律問題，並且提供具體可行的建議與回覆，印象深刻。相信此次本書的問世，不僅對於法拍屋投資者，甚至對於所有不動產從業者，都提供了一本既專業又實用的法律指導教科書。

　　在此，我誠摯推薦這本書給所有對法拍屋及不動產法律有興趣的讀者。相信你們在閱讀此書後，將能夠更清楚地掌握法拍屋交易中的法律重點，並且有效規避風險，提升投資收益，更重要的是，能在合法合規的情況下保障自身權益。

藍茂山

104法拍／透明房訊總經理

[目錄 /CONTENTS]

Chapter 1 ｜住宅篇 I：買屋 VS. 賣房

Chapter 4 ｜ 投資篇 Ⅱ：不動產土地分割

[目錄 /CONTENTS]

住宅篇 I
買屋 VS. 賣房

……挑選「預售屋」的停看聽

……「成屋」市場的交易陷阱

……一般「中古屋」的交易流程

……房屋仲介：撮合交易的最高藝術

……交屋後發現瑕疵……？買方可主張的法律權利、求償依據

……有關凶宅、海砂屋與不動產的買賣瑕疵

1.1

挑選「預售屋」的停看聽

　　老林（化名）判斷房地產市場日益熱絡，各地不斷推出新建案，考量日後成家及投資需求，因此興沖沖地到各大重劃區看預售屋，並在選定喜好的地段、坪數與總價後，很快地便與建商簽訂預售屋買賣契約，但因房子必需在完工後才能交屋，加上預售屋買賣合約條款內容繁雜，建商及代銷公司在提出合約後即向他表示，若不能在當天簽約，未來可能將會喪失購屋的權利。

　　因此在時間壓力的逼迫下，老林迅速地便完成簽約儀式，但事後細看合約內容時方才驚覺，當中竟有許多不合理的條款限制，但又因合約已然簽訂，頓時感覺自己竟陷入了進退兩難的困境……。

　　一般民眾在簽訂預售屋買賣合約時，應該要特別關注哪些注意事項，若發生上述情形時，又有什麼途徑或方法可以保障自身權利？

　　近來全球資金活絡，通膨進一步推升房價持續上漲，加上政府持續祭出多項抑制房價措施，但由於原物料建材及人力成本持續高漲，導致房屋買賣交易市場依舊熱絡。許多民眾為了成家或是出於換屋需求，甚至是基於投資置產的考量，常常會在較顯倉促的情況下，衝動地做出購屋決定。

　　但房屋不動產交易畢竟不是小事，先天上就有諸多法規及交易事項要遵守，事前做好準備，才能保障自身權益，這更是重中之重。而由於預售屋都是在房屋未興建前，透過代銷、仲介或建設公司之口頭或圖樣等說明，讓消費者決定是否購買，因此相對於已有具體成屋的情況，預售屋仍有許多需要特別留意的細節。

» 購買預售屋─洽商、簽約及相關交易流程

　　而針對一般民眾在購買「預售屋」時，在雙方洽談、簽約過程中，更有亟需注意的二十個「購屋法律保護術」務必牢記，以便日後在洽談條件與簽約時，可以藉此保障自身權益，避免受害。

　　1. 契約「5 日」審閱期：賣方應提供「至少 5 日」的審閱期，且審閱日數應由買賣雙方協商（不得少於 5 日），不可直接印上審閱日數，也不可以記載「已充分閱讀故放棄審閱期」等，更不可要求買方須先支付訂金，方才提供 5 天的契約書審閱期……，消費者可以妥善利用這個「審閱期」，詳細閱讀契約書狀內的條文是否符合公平原則及相關法令規定。

2.業者應確保廣告內容真實：依照《消費者保護法》之規定，業者其對消費者所負的義務，不得低於相關銷售廣告內容（例如附設泳池、圖書室、SPA會館等），購屋者可要求業者將廣告內容作為合約附件，並建議消費者保留當時的相關廣告文宣或DM，用以做為日後若發生爭議時的佐證資料。

3.履勘現場環境：有意購屋者，可先至建案預定定附近地區勘察，了解附近交通及生活機能；另外，一併注意是否有不利房屋之嫌惡設施（例如加油站、工廠）。此外，對於可能有危害人體安全疑慮的狀況（例如山坡地、高壓電塔），也應一併納入考量。

4.調查賣方公司紀錄及使用建材：對於建案之建設公司、營造商、代銷公司甚至是仲介公司等，尤其賣方是否領有建築執照，都可事先上網查詢並了解該公司過往的紀錄，作為選購房屋時的參考依據。另外在工程進行期間，也可至現場了解施工進度，確保自己權益受損時（例如工地遲遲未依約開工），能夠在第一時間內採取適當的保護措施。

5.調查價格行情：對於銷售價格是否合理，可先上網至實價登錄或坊間房屋交易平台上查詢，了解鄰近市場行情，以免受到銷售端不實價格或話術的不當影響。

6.貸款額度、利息及還款能力：一般來說，購屋除了頭期款及各期工程款以外，其餘部分通常會搭配銀行貸款來支付，因此，應該先明確瞭解貸款額度、利息等情形，並且衡量自己的還款能力，務必在經濟能力容許的範圍內，再為自己下正確的購屋決定。

7.付款的金額、期程與時間：預售屋的付款，一般分為訂金、頭期款、

工程款以及交屋後的尾款，尾款一般都是以銀行貸款來支付（一般實務上常見為房屋總價的七成），至於訂金、頭期款、工程款，訂金及頭期款等，則多半會在簽約前及簽約後不久便須繳交。至於工程款，則係按照工程進度分期繳交，相關付款金額、期程與時間，都應載明於契約中，消費者應詳細閱讀，並就相關資金預作充足準備。

8. 查詢土地產權、分區使狀：為了避免土地產權在日後發生爭議，建議應向賣方確認土地是否取得完整之權利，並可要求提供相關證明文件。另外，也應瞭解房地產座落、土地分區使用（住宅區），以及核准使用執照的申辦情形，例如工業區房屋不得作為住宅使用，便是一例。

9. 房屋土地專有及共有之各種面積：購買預售屋日後建物完成後，移轉產權時，將會區分房屋及土地，土地基本上是共有持分，房屋則會區分共有及專有區域，共有部分即一般所稱公設，專有區域中還區分室內專有區域及附屬建物（露台），務必詳細了解閱讀合約中，有關房地產權比例及性質的規定。

10. 查詢停車位現況：購買停車位應該詳細注意停車位之面積、淨高、淨寬、樓層；另外，是否屬法定停車位、自行增設停車位、獎勵停車位以及平面式或機械式的車位？….這些都應該要特別留意才行。

11. 應由賣方負擔自來水、電力、瓦斯管線等相關費用：建物接通自來水、電力、瓦斯之管線費及其相關費用（例如安裝配置設計費、施工費、道路開挖費、復原費及施工人員薪資等），區分內管及外管（以預售屋基地範圍內或範圍外來區別），有關自來水、電力部分，不論內管或外管部分，均應由賣方負擔。

　　至於天然瓦斯管線部分，有關內管部分（也就是預收屋基地範圍內之瓦斯管線），由賣方負擔；外管部分[1]原則上由買賣雙方另行特別議定之，若沒有特別約定，則須由賣方負擔；且按照相關法令本旨來解釋，原則上賣方應該也不得以定型化契約條款來約定，由買方負擔瓦斯「外管」接管費用。上述相關接管費用，由於金額龐大且攸關購屋者權益，建議務必於簽約時詢問查證。

　　12. 房屋保固、履約保證、面積差額的「找補」機制：買賣契約中，就房屋應該有保固責任規定，係指從交屋日起算，結構部分保固 15 年；固定建材及設備部分保固 1 年。另外針對交屋部分，亦應該有履約保證的機制，一般區分有「價金返還之保證」、「價金信託」、「同業連帶擔保」、「公會連帶保證」，以及「不動產開發信託」等五種，其中尤以「價金信託」及「不動產開發信託」這兩種方式最為常見。

　　此外，日後若實際交屋時發生約定房屋坪數面積與實際情形不符時，契約中也必須設有「找補機制」，其中，若是交屋坪數小於合約坪數（也就是實際坪數小於約定坪數），不足部分賣方應全部找補，且無上限規定；但若交屋坪數大於合約坪數（也就是實際坪數大於約定坪數），多出的坪數，消費者最多找補不超過 2%。

　　13. 稅費的比例、負擔：預售屋買賣交易時會衍生的稅額，一般包括地價稅、房屋稅，在交屋日前由賣方負擔，交屋日之後由買方負擔；土地增值稅則由賣方負擔。另外，印花稅、契稅、代書費等相關費用，應於契約中清楚載明買賣雙方均由何人負擔，藉以杜絕爭議。

　　至於房屋火險及地震險，可向賣方配合之銀行投保即可。

14. 物業管理約定： 若賣方已有明確表示，房屋交屋後將提供物業管理服務，契約中則應明定物業管理公司、物業管理範圍及收費標準。

15. 賣方之瑕疵擔保責任、違約條款： 合約中，賣方應保證產權清楚，絕無一物數賣、無權占有他人土地、承攬人依《民法》第 513 條行使法定抵押權或設定他項權利等情事。

一般常見瑕疵糾紛，包括建物滲漏水或屬於海砂輻射屋現象、電路或管線裝置不當、法定停車位供作社區其他使用、建材規格或品質與約定不符等。另外，若發生有賣方瑕疵及遲延交屋等違約情形，相關違約條款是如何約定（包含瑕疵如何修補、遲延罰金利息等），亦應一併注意契約條款如何規定，瞭解未來若遇到相關問題時，如何處理。

16. 應載明特別約定事項： 除契約載明事項外，如另有約定交易條件（例如：特別附設之電器或設備、露天陽台特別約定專用等），應以書面為主，請業者寫在契約中，以免口說無憑，日後產生糾紛。

17. 公契、私契，性質不同： 不動產簽約一般區分私契及公契，公契僅係作為向地政機關移轉登記及申報契稅、增值稅使用，通常係配合代書（即地政士）辦理，相關內容並非雙方真正買賣契約之約定，就買賣契約法律關係之實際約定，仍以登載在買賣契約私契中為準，此一部分，首次購屋者多半不清楚，建議務必特別留意。

18. 「客變期」變更權利： 在建案施工過程中，賣方通常會給予一定期間讓購屋者可以變更房屋室內設計格局，一般稱為「預售屋客戶變更設計期」，也就是俗稱的「客變期」，購屋者可在此時配合委請的室內設計師，要求賣方按照購屋者需求，變更屋內隔間與裝修，省去日後裝修成本。

但變更次數通常以一次為限。例如室內格局、插座位置、電源網路配置，或是更換廚具、衛浴設備等，至於主結構、大樓外觀、公共設施、主要瓦斯、汙水管線等，基本上是無法變更的。

19. 保存往來文件及訊息記錄：有關與賣方或銷售端相關洽商、議約、簽約等文件或訊息記錄，都應該全數保留，若日後產生爭議，才有助於迅速還原事實。

另外，建設公司及銷售方所提供的廣告文宣、DM，依照消費者保護法規定，因為這些都會視為契約的一部分，如果發生坪數大小、實品狀況與文宣不符，這些資料都將成為你最重要的證據，可依照相關內容要求改善或請求賠償。

20. 檢查是否有違反「預售屋買賣定型化契約應記載及不得記載事項」之相關規定：內政部針對預售屋定型化買賣契約，亦有頒定「應記載事項」及「不得記載事項」，購屋者可針對相關條款，逐一檢視或詢問銷售人員，契約中是否均設有相關規定，並檢查是否有違反相關規定。賣方若有違反，主管機關可依《消費者保護法》規定，裁處最高處 30 萬元罰鍰。

另外，內政部有頒定「預售屋買賣定型化契約應記載及不得記載事項」，於簽訂相關契約時，也可作為一併合約審閱之參考判斷依據，相關重點分別說明如下：

---

1. 意指預收屋基地範圍內之瓦斯管線，接通到天然瓦斯管線公共管線部分。

預售屋買賣定型化契約：應記載 VS. 不得記載事項

應記載事項	不得記載事項
· 契約審閱期：賣方應提供「至少 5 日」的審閱期，且審閱日數應由買賣雙方協商，不可以直接印上審閱天數。 · 賣方對廣告之義務：賣方應確保廣告內容與實際情形相符，否則就會有違反《消費者保護法》第 22 條及《公平交易法》第 21 條第 1 項的情形。 · 房地標示及停車位規格：應明定土地、房屋坐落及停車位性質、位置、型式、編號、規格 · 房地出售面積及認定標準 · 共有部分項目、總面積及面積分配比例計算 · 房地面積誤差及其價款找補 · 契約總價 · 履約擔保機制 · 付款條件 · 逾期付款之處理方式 · 地下層、屋頂及法定空地之使用方式及權屬 · 建材設備及其廠牌、規格 · 開工及取得使用執照期限 · 驗收 · 房地所有權移轉登記期限 · 通知交屋期限 · 共有部分之點交 · 保固期限及範圍 · 貸款約定 · 貸款撥付 · 房地轉讓條件 · 地價稅、房屋稅、稅費之分擔比例與約定 · 賣方之瑕疵擔保責任 · 違約之處罰 · 當事人及其基本資料 · 契約及其相關附件效力	· 不得約定廣告僅供參考。 · 出售標的不得包括未經依法領有建造執照之夾層設計或夾層空間面積。 · 不得使用未經明確定義之「使用面積」、「受益面積」、「銷售面積」等名詞。 · 不得約定買方須繳回原買賣契約書。 · 不得約定請求超過《民法》第 205 條所訂 16% 年利率之利息。 · 不得為其他違反法律強制或禁止規定之約定 · 附屬建物除陽臺外，其餘項目不得約定計入買賣價格。

資料來源：內政部「預售屋買賣定型化契約應記載及不得記載事項」、作者

1.2

「成屋」市場的交易陷阱

　　小陳因為結婚又喜獲麟兒，急需一個較大的居住空間，因此前往新成屋銷售接待中心看屋。在實際看過房屋格局及屋況後，陳先生及家人都很喜歡，加上銷售人員表示物件搶手，已有其他人下訂金……，小陳僅略作思考後便即刻決定每坪加碼1萬元並表示可立即交付訂金，故而順利成交。

　　雙方並且約定隔日完成簽約手續。

　　豈料入住後才發現，房屋管線設計不良，時常會有噪音，並且還有排水孔內，汙水逆流而出的問題，此外，當時看到美輪美奐的公共設施，實際上是法定獎勵停車位，可能隨時會因為屬於違建而遭拆除，小陳這時方才驚覺，自己可能是以高價買到根本就是有瑕疵的房屋，但回頭細看雙方簽訂的合約中，並無對於屋況或公設問題特別做出擔保說明，甚至在合約中竟有以小字記載公設屬於獎勵停車位，不擔保購屋者可以完整使用……。

相對於預售屋，購買成屋雖已有實際房屋成品可供核實觀看，但實際上，不動產牽涉到諸多專業面向，且攸關個人財產權益影響甚大，於磋商及簽訂買賣契約時，仍有許多需要特別注意的地方，以下將一般民眾再購買成屋前應該留心的 20 個注意事項，分別說明如下。

» 下訂購買「成屋」前的注意事項

1. 挑選合法的不動產經紀業代理服務：在不動產交易過程中，涉及到的法律法令非常多。如果自己沒有時間深入了解或處理，建議可以委託專業人員提供相關服務。

‧買屋前：可以委託合法的不動產估價師來進行不動產的估價，了解物件的市場價值。

‧買屋時：可以委託合法的不動產經紀業來代理交易或擔任居間，協助進行買賣談判和相關事宜。

‧成交後：可以委託合法的地政士辦理產權移轉登記，確保產權順利過戶，保障自身的權益。（此部分可參考本章第四節）。

2. 現場履勘：無論是土地、房屋還是預售屋，在買賣不動產時，都一定要親自去實地勘查，對於標的物的範圍以及各種情況要詳細詢問清楚。如果有必要，還可以向鄰居或大樓管理員進行查詢，以了解真實情況。

此外，銷售廣告中的內容必須與實際情況相符，特別是房屋的用途和土地的使用分區，這些都應該符合未來的使用需求，以避免日後出現不必要的麻煩或糾紛。

3.瞭解出售原因：在購買不動產時，了解出售的原因是非常重要的，這樣才能避免買到讓自己住得不舒服的房子。除了可以直接向地（屋）主詢問之外，還可以向鄰居或大樓管理員打聽相關細節，這樣有助於更深入地了解房子的真實情況。透過多方詢問，能夠獲取更多資訊，幫助自己做出明智的決策。

4.考慮買價是否公平合理，勿貪心：由於不動產買賣的交易通常比較零星，其價格行情較難確定，因此在進行交易前，應先參考附近的成交案例，或者委託合法的估價師進行估價，來評估價格是否公平合理。

目前，不動產透過仲介銷售的方式非常普遍，但少數不良業者在處理房屋出售時可能會故意抬高售價，誆騙消費者，甚至扭曲市場行情。因此，謹慎選擇可信賴、合法的仲介公司非常重要。畢竟，不動產交易通常是許多人一生中唯一的一次大事，切勿因小利而讓自己後悔終生。寧可按照市場正常價格購買理想的房子，也不要因為貪心而受到損失。

5.考慮財務狀況，切勿倉促下決定：當有購買不動產的意願時，需要仔細考慮的不僅是物件的價金，還要評估自備款的金額以及該不動產能夠貸款的金額。此外，還需考量未來對於貸款本金和利息的支付能力。切勿因為受到仲介或銷售人員的催促而匆忙下訂，一定要深思熟慮，否則若事後想要解除買賣契約或退款會變得困難。

即使因此失去某個交易機會，也不一定會造成損失。不要在感到壓力的情況下做出決策，選擇合適的物件和財務安排才是最重要的。

6.面積之正確性：在一般不動產的產權登記時，除了主建築物的面積外，還包括附屬建物和公共部分，例如陽台、平台、公共設施或屋頂突出

物等。賣方或仲介在銷售時有時會虛報坪數，導致每坪單價看起來非常便宜。爲了避免這種情況，建議買方在支付訂金之前，務必仔細查看所有權狀，計算實際的面積，以防止在簽約後出現糾紛。如此可以保障自己的權益，讓交易更加順利。

7. 產權是否清楚[1]：在支付訂金之前，建議先到地政機關申請土地和建物（房屋）的登記簿謄本。查閱內容應包括所有權人、面積（坪數）、是否有設定抵押、以及是否存在租賃關係或被查封等情況。此外，還應前往工務機關查閱都市計畫圖，確認該不動產是否位於公園、道路或其他公共設施用地內。這樣可以確保對該物件的所有相關資訊都有清楚的了解，減少未來可能出現的糾紛。

8. 詳閱買賣定型化契約及契約審閱期：凡是以企業經營者提出的定型化契約條款作爲契約的一部分或全部所訂立的契約，稱爲「定型化契約」。這些定型化契約條款不僅限於書面形式，還包括透過公開傳播、張貼、牌示或其他方式表示的條款。

當賣方爲企業經營者（例如建商）時，在簽訂買賣契約之前，買方享有一定的契約審閱期（即買賣猶豫期間）。爲了防範定型化契約的濫用，並保障消費者的實質契約自由，內政部已經公告了各項不動產交易契約書的範本，以供各界參考使用。

此外，內政部公告了定型化契約中應記載的事項以及不得記載的事項（詳後述）。如果賣方（建商）違反了這些公告規定，買方可以主張該違規條款無效。這樣的措施旨在保護消費者的權益，確保他們在訂立契約時的公平性。

9.瞭解稅費的負擔：在不動產買賣契約書中，應明確載明各種稅費的負擔責任。與買賣不動產相關的稅費可能包括土地增值稅、契稅、公證費、地價稅、房屋稅、印花稅、水電瓦斯接戶費、產權登記費和代書費等。

根據法律規定，一些稅費是由特定的主體負責，例如契稅應由購屋者繳納，而建物第一次登記費及土地增值稅則由賣方承擔。除此之外，其餘的稅費應明示在契約中，明確指明由誰負擔，以避免日後產生任何糾紛。這樣做不僅能清楚界定雙方的責任，還可以保障雙方的權益，減少未來的爭議。

10.與所有權人簽約：在簽訂買賣契約時，必須詳細調查賣方的身份，確保賣方親自簽名或加捺指印。理想情況下，簽約時應與所有權人進行，如果是由代理人代簽，則要確認代理人是否擁有適當的授權書。此外，不能僅僅依賴授權書簽約，應該查詢賣方的本意，以減少出錯的風險。最好約定雙方在地政士事務所簽約，可以避免許多潛在問題。

在簽約時，注意逐一核對所有權狀上的姓名、住所等資訊，並查對賣方的地價稅單或房屋稅單，以確認所有權人確實是賣方。這樣可以降低被詐騙的風險。此外，對於不動產的坪數、價格以及房屋內的設備現狀，都應該逐一書面詳述清楚，以免日後產生爭議。

11.指定地政士簽訂買賣契約、辦理產權移轉：在不動產買賣契約書中，買方或賣方可以共同協商，指定地政士來辦理產權移轉登記及相關手續。如果契約中未明確約定，則可由買方、賣方或仲介公司指定負責的地政士。此外，簽訂買賣契約後，必須在1個月內前往地政事務所辦理所有權移轉登記，這樣才能確保產權的保障。務必記得遵守這個時間限制，以

避免未來可能的法律問題或糾紛。

12. 要求經紀業者，指派經紀人簽章：如果不動產買賣是由不動產經紀業辦理的，則應由該經紀業者指派經紀人負責在契約書及相關文件上簽章，以示對交易的負責。這樣的安排不僅能保障雙方的權益，還能明確經紀人的角色，確保交易的合法性和有效性。

13. 要求解說不動產說明書：在經紀人員執行業務的過程中，必須使用不動產說明書來向買方進行解說。在解說之前，該說明書應經賣方簽章確認。在訂定買賣契約時，經紀人員需要將該說明書交給買方，並由買方簽章。值得注意的是，這份說明書將視為買賣契約書的一部分，因此其內容及詳細資訊都是契約的一部分，對雙方都具有法律效力。

14. 服務報酬的支付：如果不動產交易是透過仲介公司完成的，則買賣雙方應支付一定金額的服務報酬給該仲介公司。根據中央主管機關的規定，仲介公司的服務報酬不得超過該房屋買賣實際成交價金的 6%（這是向買賣雙方收取的總額）。需要注意的是，這個服務報酬的比例只是收費的最高上限，而不是主管機關所規定的固定收費比率。買賣雙方可以與仲介公司協商，來決定具體的服務報酬金額。

15. 選擇使用內政部版要約書或斡旋金：在委託仲介業者購買成屋時，業者在向購屋人收取斡旋金的同時，必須向購屋人明確說明他們也可以選擇使用內政部版的「要約書」，並告知該書的特點及其替代關係。如果購屋人選擇使用內政部版的「要約書」，則仲介業者不得向買方收取任何款項。這樣的安排是為了保障購屋人的權益，使他們在購買過程中有更多的選擇和透明度。

16.房屋是否有瑕疵：在看房時，務必要保持冷靜，仔細觀察以下幾點：

（1）牆壁是否有漏水的情形及其位置。

（2）是否有檢測海砂的含氯量及輻射鋼筋。

（3）是否存在鄰居的不良狀況。

（4）是否有違法建築或禁建的情況。

（5）該房屋是否曾發生火災或其他自然災害，對建築物造成損害及其修繕情況。

（6）是否被建管單位列為危險建築。

（7）周邊環境的狀況，是否存在公害等問題。

在做出購買決定前，最好給自己一些緩衝期，儘量多看幾次、全面比較不同的選擇。這樣可以避免在匆忙支付訂金後，才發現房子存在缺失或根本不符合自己的需求，進而造成損失。理性和耐心是確保購房過程順利的重要因素。

17. 使用停車位：在購買成屋時，應特別注意以下幾點與停車位相關的事項：

（1）分管協議：確認該停車位是否已經有分管協議，了解使用權的具體規定

（2）車位管理費：詢問是否需要支付車位管理費，以及費用的金額和支付方式。

（3）使用方式：了解使用停車位的具體方式，包括：

（4）是固定位置使用還是需承租？

（5）使用是否需要排隊等候？

（6）是否需要定期抽籤才能使用？

（7）使用時是否是每日先到先停的方式？

　　了解以上情況非常重要，能幫助避免未來產生的糾紛，確保在購買後能順利使用停車位。 必在簽訂合約之前，詢問清楚相關細節，以保護自己的權益。

　　18. 停車位的記載情形：在購買成屋時如果同時一併購買停車位，必須特別注意以下幾點：

（1）單獨區分所有建物登記：確認該停車位是否有辦理單獨的區分所有建物登記，這將影響到車位的所有權明確性

（2）車位種類：了解所購買的車位種類，包括平面式、機械式等，這會影響停車的便利性及使用需求。

（3）車位編號：若停車位已辦理產權登記，須依據登記的車位編號來確認所有權。如果停車位尚未辦理產權登記，則應依分管編號作為標準。

　　這些細節都非常重要，確保了購買的停車位在法律上是清楚且無爭議的，能夠有效保障自己的權益。

　　19. 管理委員會事宜：在購買區分所有建物時，需特別注意以下幾點：

（1）管理費的繳納方式：了解管理費的繳納方式，包括支付的頻率（如每月或每季），以及具體的支付途徑。

（2）積欠管理費的情況：查詢是否存在對管理費的積欠情形，這可能會影響到未來的財務負擔或法律責任。

（3）管委會的運作情況：管委會通常會公佈重要事項，建議多詢問和了解相關信息。觀察管委會的運作是否正常，例如是否經常

更換、改選，或是否涉及訴訟官司等不穩定情形。

這些因素都可能影響到區分所有建物的管理和居住環境，因此在做出購買決定之前，務必詳細了解並評估這些情況，以確保未來的購房生活順利且無後顧之憂。

20. 付款方式：付款方式應在契約中明確訂明，通常分為四個階段來進行付款：

（1）簽約款：在簽約時支付一部分的價款。

（2）備證款：當出賣人準備好移轉登記所需的文件，並將相關的書表及證件交給雙方指定的地政士或律師時，再支付另一部分的價款。

（3）完稅款：在繳清所有的稅費及增值稅後，支付一部分的價款。

（4）交屋款：當移轉登記辦妥，買方領取到所有權狀並確認清楚後，再支付尾款。

這樣的付款結構有助於保障買賣雙方的權益，確保交易的順利進行。在合同中詳細列明每個步驟將有助於避免未來的爭議。

另外，內政部有頒定「成屋買賣定型化契約應記載及不得記載事項」，於簽訂相關契約時，也可作為一併合約審閱之參考判斷依據，相關主要重點分別整理如下：

成屋買賣定型化契約：應記載 VS. 不得記載事項

應記載事項	不得記載事項
· 企業經營者應讓買方攜回審閱契約條款的期間至少 5 日（契約審閱期）。 · 各期付款的款項可分為簽約款、備證款、完稅款、交屋款（付款約定）。 · 貸款金額少於預定貸款金額之處理方式（貸款處理）。 · 買賣標的應繳納稅費負擔之約定（稅費負擔之約定）。 · 賣方應擔保買賣標的物權利清楚無被他人占用或占用他人土地（賣方之瑕疵擔保責任）。 · 買賣雙方逾期交屋或付款之違約賠償責任，其解除契約者，違約金不得超過房地總價 15%（違約之處罰）。	· 不得約定買方須繳回契約書。 · 不得約定買賣雙方於交屋後，賣方排除《民法》上瑕疵擔保責任。 · 不得約定廣告僅供參考。 · 不得約定使用與實際所有權面積以外之「受益面積」、「銷售面積」、「使用面積」等類似名詞。 · 不得約定請求超過《民法》第 205 條所訂 16% 年利率之利息。 · 不得約定拋棄審閱期間。 · 不得為其他違反強制或禁止規定之約定等。

資料來源：內政部「成屋買賣定型化契約應記載及不得記載事項」、作者

---

1. 產權是否清楚？有無其他設定？應調閱「土地／建物登記謄本」確認。
「土地／建物登記謄本」最重要的則是看「所有權人」與「標利範圍」，可以確認賣方是否為所有權人，另外，謄本還可分為「標示部」、「所有權部」及「他項權利部」三項，你可以從中瞭解地段、地使用分區、面積、公告地價、建材、結構、所有權人等基本資料。要特別核對謄本資料與所有權狀資料、字號及相關內容是否都相同無誤。最重要的是看「他項權利或限制登記」。這點可以幫助你瞭解房子是否有抵押貸款、是否有被查封或破產登記等紀錄，以防止後續的買賣糾紛。若想進一步知道房子的格局是否變更，還可以查詢「建築改良物平面圖謄本」。

1.3

一般「中古屋」的交易流程

馬克工作多年，終於存夠了人生的第一桶金，但考量預算問題，所以計畫購買一間中古的套房。

某日偶然間看到路旁有房屋出售的廣告，便直接打電話與屋主接洽，雙方於電話中約好現場看屋時間，但因雙方都是首次自行出售及購買房屋，並未透過仲介協助，因此對於買賣購屋的流程並不熟悉，甚至如何訂立契約甚至過戶，雙方都不知如何處理，究竟一般房屋或中古屋買賣及過戶中流程為何？

另外，馬克或賣方在過程中要準備哪些文件，要注意哪些事情才能確保自身權益不受影響？

　　房屋買賣流程可以區分為「簽約、用印、完稅、交屋」四大階段，分別依序說明如下：

　　首先是付訂金，當買賣雙方對交易價格達成合意後，買方就必須先付訂金給屋主（即賣方），並按照雙方約定支付訂金，有時是付「小訂」幾萬元，或是約總價金 3% ～ 5% 的「大訂」，買方記得把握簽約前的「5天契約審閱期」，詳細審讀合約內容，若有不清楚的地方，務必向對方詢問。

　　另外也可以委請專業的律師、代書或具有不動產專業的人士協助釐清，畢竟在正式簽約前，都還是有提出合約修改意見的機會與空間，否則一旦白紙黑字完成簽約，受到契約條款效力的拘束，原則上就必須完全遵守相關規定辦理了。

» 流程 1：簽約

　　雙方在下訂後 5 ～ 7 天內簽約，建議在第三方專業地政士（代書）在場見證下，先核對買賣雙方身分，並於當天申請土地及建物謄本，以確保房屋產權是否正確無誤，建議雙方使用房屋交易安全制度，價金存專戶，保障買賣雙方交易安全，如果雙方同意開「履保專戶」，就把錢匯進戶頭，以保障雙方權益。

　　此外，為了避免貸款不通過的問題，簽約時，買方最好要求增加「核貸不足時契約無效」的但書，以免核貸不成功，反被沒收訂金跟簽約金。

　　（1）買方應準備：訂金收據、印章、身分證。

（2）賣方應準備：印章、身分證（或授權書、被授權人身分證）土地、建物權狀正本。

基本上，雙方大約會在買方下訂後的7天內簽約。而有關買賣契約條款簽約時，買方需特別注意，確認簽土地及建物謄本的資訊正確性，包含坪數是否正確？有無限制登記或設定應塗銷狀況？土地使用分區為何？屋主銀行抵押設訂金額多少？有無其他產權使用範圍或設定限制？

至於賣方，若擔心買方無法如期支付尾款，亦可求買方在應付剩餘款項部分，必需簽立擔保本票，藉此保障自身付款安全。

另外，買賣雙方若有需要代理人代為簽約的情形，則需準備代理人之授權書與印鑑證明。（依照不同類型如預售屋或成屋買賣，於簽訂買賣契約時應該注意的內容，可參照本章第一節、第二節的說明。）

》流程2：用印

簽約後大概1～2周內，買賣雙方在地政士（代書）見證下，將過戶、報稅等相關文件交付地政士蓋印章，即為「用印」，包括所有權移轉契約書（公契）、登記申請書、增值稅申報書、契稅申報書、報稅證明等文件。至於用印過程中，雙方主要需準備文件如下：

（1）買方應準備：印鑑證明、印鑑章、身分證影本、預繳行政規費2萬～3萬元給地政士。

如果買方需貸款，應於用印階段時決定貸款銀行有貸款需要者，買方就可帶著簽約等相關文件向銀行申請貸款（銀行申貸時程，通常區分「審

查、估價、對保、用印」（約 14 天～ 21 天），但具體時程仍須依照個別申貸人的信用及財產狀況而定）。

（2）賣方應準備：印鑑證明、印鑑章、戶口名簿影本或戶籍謄本、近期房屋稅與地價稅單正本。

» 流程 3：完稅

稅單核下後，雙方會依照約定期限內完稅，通常是簽約後 30 天內要完稅，本流程主要作業包含確認稅單、銀行貸款金額，地政士會於稅單核發後，分別通知買賣雙方繳交支付稅款即是「完稅」。而一般買賣雙方通常需支付的繳款及規費如下：

（1）買方應繳：契稅、印花稅、行政規費；繳給銀行火險、地震險、貸款設定費。

（2）賣方應繳：土地增值稅、房屋稅、地價稅；繳給銀行抵押塗銷登記費。

» 流程 4：過戶、交屋

完稅後就是買房流程的過戶階段，買方此時必須確認銀行核貸審核通過的結果及核貸金額，並繳納各種稅費給稅捐機關（可以請地政士協助），然後帶著契約書、稅單、權狀、身分證明文件等資料，前往地政事務所辦理土地與建物的「產權移轉登記」（也就是過戶），將房屋登記從原屋主

移轉過戶到新屋主的名下，買方並取得新的房地「所有權權狀」[1]。

另外，有關銀行貸款部分，則會將房地抵押權設定登記在買方即新屋主承貸銀行的名下，作為未來支付貸款金額之抵押擔保。

待過戶後，雙方依照約定期限辦理交屋，買方要先點收屋況，確認房屋有無瑕疵，若存有瑕疵，務必詳細紀錄瑕疵細節並拍照存證，例如哪邊有漏水、壁癌、裂縫等，因為有明確紀錄瑕疵位置和數量，並且即時通知賣方要求改善修繕，才可以避免日後糾紛，並且有機會在依此要求請求賠償責任（此部分參考本章第五節說明）。

房屋不動產買賣交易流程圖

買賣雙方透過不動產經紀業交易者

賣方與不動產經紀業者簽定不動產委託銷售契約書，委託授權仲介銷售不動產，合約裡面會包括幾個重要的條件，比如說委託銷售之買賣標的、經紀人收費的時間，以及他們的報酬是根據實際成交價的一定比例來算的，但這個比例不能超過政府的規定。如果買方違約，導致賣方和買方之間的合約被解除，那麼經紀人的服務費用也會按照合約來處理服務報酬。（有關透過仲介買賣不動產部分可參考本章第四節部分）

買賣雙方自行交易者

買賣雙方就價金達成意思合致後，通常會於先約定支付一筆定金並另行簽定「不動產買賣契約書」。

買賣雙方協商指定由地政士來處理所有權轉移的登記和相關手續，簽訂合約時，地政士需要先去申請登記謄本來確認產權，同時須預估和規劃稅費的負擔。如果買方需要貸款的話，地政士通常還會協助估算可貸的之額度。

簽訂不動產買賣契約書（私契約）並支付第一期款（頭期款）

一、賣方攜帶身分證明文件、印章及土地、建築改良物所有權狀正本。
二、買方攜帶身分證明文件。
三、影印買賣雙方身份證明文件及土地、建築改良物所有權狀附案，並進行簽約。
四、簽約的時候，有幾個重點需要約定：（1）付款條件和方式：通常會分成四次付款的金額和時間。（2）交屋的時間和方式：什麼時候交屋、怎麼交。（3）附帶設備項目：有哪些家具或設備是一起買賣的。（4）雙方的權利和義務：買賣雙方在合約中各自需要履行的責任。（5）違約和保證事項：如果有人違約，會怎麼處理。（6）稅費負擔：誰來負擔相關的稅費。另外，如果賣方同意配合買方辦理不動產貸款，還要約定與交屋款有關的事。比如，賣方如果設立抵押權，在買方設立抵押後，應該儘快解除抵押，或者是讓買方承擔或者代償抵押的部分。如果賣方所抵押的金額超過了買方所支付的價款，賣方要負責返還。還有，如果買方貸款不夠，在貸款到位時需要用現金一次性付清，也必須要約定清楚。
五、在簽約的時候，雙方需要當場讀出合約的重點內容，確保沒有異議。然後，買賣雙方要簽名或者蓋章，這樣買賣契約就成立了。如果是通過經紀公司來做這個交易的話，經紀公司還需要指派一位經紀人來共同簽字。
六、買方支付頭期款予賣方，賣方點收並簽收。
七、經賣方及經紀業指派經紀人簽章之不動產說明書視為買賣契約之附件。

備證並於相關文件上用印（第二期款）

一、賣方攜帶印鑑章並交付身份證明文件，另外還有房屋稅單、地價稅單等相關資料，並得加蓋專用印章。
二、買方攜帶印章並交付身份證明文件。
三、賣方需要在填寫好的登記申請書、土地和建築改良物的買賣移轉契約書、土地現值申報書和契稅申報書的相關欄位上蓋上印章。而買方則可以使用任何一個私章來蓋印。
四、買方支付第二期款予賣方點收並簽收。
五、買方如需辦理貸款，應於交付第二期款時，提供辦理貸款必備文件及指定融資貸款之金融機構。

地政士或買賣雙方檢具證明文件向轄區稅捐機關
申報土地增值稅及契稅

完稅（第三期款）

一、賣方完納土地增值稅款及欠稅費款。

二、買方在支付完契稅後，還需要把第三期的款項支付給賣方，賣方要點收並簽收這筆款項。然後，買方需要開立一張與未付價款金額相同的本票，上面要註明「禁止背書轉讓」。這張本票要在條件上指名賣方可以提示使用，或者買方也可以提供相應的擔保給賣方。三、若買方打算用貸款來支付部分買賣價格，需要在通知的期限內親自去銀行辦理開戶和保險。且根據約定，在銀行授權後，特定的人通知後，核貸的金額會直接撥入賣方指定的帳戶，或者在支付尾款的時候，雙方一起去領款。

在辦理查詢欠繳的地價稅、房屋稅、工程受益費等稅費後，買方需要附上繳納收據以及其他相關的證明文件，並向當地的地政事務所申請所有權的移轉登記。如果買方有貸款作為支付交屋款的一部分，則還可以進行抵押權的設定登記。

一、在買賣標的現場查勘確認無誤後，可以進行尾款的繳付及交屋手續。這一步驟通常包括以下幾個部分：

　　1. 繳付尾款：根據已簽訂的契約，支付剩餘的款項（如有貸款，則需確保貸款已撥款）。

　　2. 交屋手續：在支付尾款後，進行交屋的相關手續，包括：

確認所有權狀及其他相關文件的交接。

檢查物件的現狀，確保符合約定條件。

簽署交屋確認書，正式完成交屋過程。

完成以上步驟後，買方應確保所有轉移的文件都已妥善處理，並保留相關的交易紀錄，以備未來查詢或需要。這樣可以確保買賣交易的順利進行，並保障雙方的權益。

二、與買賣契約有關之稅費、代辦費，依約定繳納。在買賣契約中，與交易有關的稅費和代辦費應依據契約中所約定的方式繳納。這些費用可能包括土地增值稅、契稅、公證費、產權登記費、代書費等。雙方在簽訂契約之前應明確這些費用由哪一方負擔，並在契約中詳細列出，以避免未來因支付責任不清而產生的糾紛。確保所有相關費用的負擔都在契約中清楚規定，是保障雙方權益的重要步驟。

---

1. 建物權狀主要記載之內容有：建物所有權人、建物完成日期、主要建材和主要用途、建物層數和層次（幾樓）、主建物面積與附屬建物面積（單位是平方公尺）、共用部分（也就是公設）、權利範圍是與他人共同持有還是個別持有。

1.4

房屋仲介：撮合交易的最高藝術

小金想要購屋自住，不想繼續當無殼蝸牛，也想讓家人無須在擔心房東漲房租……，因此透過網路搜尋，找到了OO不動產仲介協助。

礙於預算考量，仲介推薦小金一個屋齡20年的中古屋，但因為屋齡較老，小金特別要求仲介必須確認有無漏水或其他房屋瑕疵？但仲介因與賣方兩造有著較高佣金的約定，所以急著想成交，只單純看過房屋外觀後就跟小金表示房屋沒有問題，甚至還不斷向小金誇讚屋況佳及地段好……。

小金不疑有他，因此也認定這是不可多得的好物件，於是很快地便決定下斡旋金，之後並透過仲介與屋主簽約成交。但沒想到的是，入住後狀況連連，房屋多處漏水甚至出現牆壁泥塊剝落等情形，待向賣方表示後，賣方卻說小金當時都有委託仲介看過，代表承認房屋的現況，就不能再來爭執。

小金眼看權益受損，除了向賣方主張權利外，也想向仲介要求連帶賠償。

而讓小金不明白的是，仲介合約區分哪些類型？優缺點有哪些？甚麼是下斡旋金？究竟仲介在買賣交易中須負擔甚麼樣的法律責任呢？

» 專任約 VS. 一般約

找「仲介」是大多數購屋者選購中古屋的主要管道，找專任約的房仲好？還是找一般約的房仲好？哪一種對購屋者最為有利？房仲可以幫哪些事情呢？

1. 專任約：專任約指的是「專任委託銷售契約書」，指專由一家仲介業仲介銷售房屋物件，於委託期間，委託方（屋主）不得自行出售，或另行委託第三人居間仲介，否則將會構成違約，需支付一定比例仲介費或違約金。

對於買房者來說，專任約銷售的房子，比較無法探聽到屋主底價，價格較硬。而對於賣房者來說，若沒有信賴的房仲人員，第一次專任約最好勿超過 3 個月。最後對於房仲銷售人員來說，給他們提供一個保障，便可讓他們專心為你做銷售。

2. 一般約：一般約指的是「一般委託銷售契約書」，是屋主委託二間以上房仲業者代理銷售房屋，由各自房屋仲介自行尋覓符合委託條件之買家，但因為同時有多位房仲對同一棟房子銷售，所以各家仲介就是「各憑本事、相互競爭」，因此會同一棟房子不同價格的狀況落差情況的出現。

對於買房者來說，一般約銷售的房子，議價空間較為彈性；但房子若掛售出太久，會誤以為屋主很缺錢賣不掉。而對於賣房者來說，有多位房仲協助銷售，曝光機會客源增加，同時還可以自己賣，只是溝通帶看很費力。最後是對於房仲銷售人員來說，若出價合理，會努力完成媒合，但有同業競爭，擔心被同業破壞行情，會視情況調整銷售力度。

» 專任約、一般約的差異及優缺點

對於買方來說，選擇專任約銷售或一般約銷售的房子並沒有明顯的差別，但對於賣方來說，差別就非常明顯，如果買房時規劃未來可能會換屋賣掉，最好還是要了解以下差異，茲將各別優缺點整理如下表。

» 斡旋金 VS. 要約書，有何不同？

當你看上了某間中古屋，同時也有其他組客人表示有興趣，要如何確

專任約 VS. 一般約優缺點

房仲銷售類型	優點	
專任約	・房仲業者積極銷售，願意花時間投入，但並非百分之百。 ・集中使用廣告資源，行銷力度大，回報銷售廣告和文宣。 ・會即時回報帶看進度與狀況。 ・進出房子的人員較單純，買家想看房子只能經由專任仲介。 ・單一聯繫窗口，節省溝通接洽成本，比較不會有多頭馬車問題。 ・銷售價格較顯單純，不會造成一屋二賣或一屋多賣問題。	
一般約	・屋主自己可同時對外銷售。 ・多家房仲店家銷售，房子曝光度較高，甚至有些店家會聯合銷售。 ・沒有「出價達底價就成交」的狀況，可以反悔，不用擔心違約須賠償房仲。 ・沒有「房屋底價」限制，有機會賣得更高價。 ・先委託才簽約，彈性較高，銷售較無壓力。	

@ 資料來源、製表：作者

保你可以優先取得跟屋主議價的機會呢？通常這時候，房仲會請你先支付一筆「斡旋金」，或簽一份正式的「要約書」表達購屋意願，這兩者有何差別呢？

1. 民間習慣使用斡旋金：「斡旋金」和「要約書」的效力一樣，都是買方向賣方表達購屋意願，委由仲介出面與屋主溝通議價，付斡旋金時並填寫「不動產買賣意願書」。斡旋的金額可多可少，房仲的慣例是支付房屋總價的 3% ～ 5% 不等，但也有人只拿 5 萬或搬了 100 萬現金到屋主面前表達誠意，希望見「錢」三分情，更容易成交。

通常仲介的斡旋時間約 3 ～ 7 天不等，無論是否成交，仲介不得要求

缺點
· 資訊較封閉，只能交由一家仲介回饋銷售情況和客戶資訊，容易被引導或誤判。 · 專任約定房屋底價，較無不同仲介競爭拉售價之優勢，金額到達底價就成交代收訂金，屋主較無反悔機會。
· 每家店的廣告資源不同，行銷力度不一。 · 因為一般專任合約，不一定會遇到認真的業務，恐造成銷售期變長。 · 進出房子的人員複雜，買家來自多方，如果還有在居住或使用，居住安寧及安全易受干擾。 · 必須和很多房仲業務聯繫，多花心力接洽溝通，資訊來源繁雜。 · 要配合多組買方看房時間，需多花時間陪代看房屋及與買家協商。 · 價格略嫌混亂，若行情較差時，容易發生競爭下，價格越賣越低的可能。

買方支付車馬費或其他費用。有時候，仲介會建議買方直接跟賣方見面談，你可以自行評估是否出面。

當買賣雙方取得共識，斡旋金就會轉為訂金，若雙方也同意開「履保專戶」，記得要求仲介把這筆錢也匯入其中，不得存放在仲介保險箱中。如果交易不成功，斡旋金就會全數退回給買方，你不需支付任何費用。

2.「 政部」版的要約書：對於不想拿出一大筆現金、卻又希望房仲出面跟屋主「喬」價格的，也可以使用 政部版的「要約書」同樣有效。要約書視同買賣契約，有 3 天的審閱日上會註明承攬總價、不動產買賣標的座落位置、面積附款條件等細節。

3.付斡旋金／簽訂「要約書」前的注意事項：

（1）確認房屋資料：別以為你「只不過是請仲介去問問價格，就隨便看看；在你決定付斡旋金以前，仲介應該要提供你該物件的相關謄本、建物平面圖、地籍圖等相關資料，先確定房子沒有問題，再付斡旋金或簽要約書。

（2）付款條件要寫清楚：雙方都需把頭期款、備證款、完稅款和交屋款的金額、匯款時間及條件寫清楚。

（3）任一方反悔都要賠錢：若買賣雙方簽約答應買賣後，有任一方反悔，都得支付違約金。通常是罰兩倍的斡旋金，若簽「要約書」則須支付買賣總價款百分之三以下之損害賠償金額。

（4）詢問仲介費：同時間，買方最好先問清楚仲介費的付款條件和繳款時間，以免斡旋成功，立刻又有一大筆的仲介費要付。

» 房仲業者的權利、義務及法律責任

1.調查及說明義務：

依據《不動產經紀業管理條例》第 23 條的規定，房仲應該以不動產說明書對委託人進行說明。因此，賣方提供的不動產說明書上記載的相關事項，例如有無漏水、傾斜、建物土地佔用／產權問題、違章建物等，實務上常被認定是房仲應盡調查與說明義務的範圍。

除此之外，有些未記載於不動產說明書上，但與不動產交易相關的重要資訊，像是房地相關稅捐的課徵條件（例如房子是否需課徵奢侈稅或其他稅捐）等，法院也認為是屬於民眾買賣房屋上的重要資訊。另外，若民眾曾經詢問過房仲，但房仲未給予正確資訊導致民眾權益受損時，也算是房仲未盡其告知與說明義務的範圍。

另外，根據不動產委託銷售定型化契約應記載及不得記載事項關於受託人應負義務之規定，仲介業者應於簽約前，據實提供近 3 個月成交行情，供委託人作為訂定售價的參考。因此仲介業者與消費者對前項資訊提供爭議時，應由仲介業者負證明已告知或提供該地區成交行情的責任。

此外，隨著房價持續高漲，不少民眾選擇以買賣房屋作為投資置產重要方法，因此也衍生出許多不動產仲介消費糾紛案件，而造成消費糾紛的主因除消費者未能瞭解不動產委託買賣契約內容外，往往包括業務員未充分告知或未揭露正確不動產交易資訊所造成，所以消費者權益遭受損害，也導致不動產仲介消費糾紛不斷。參照《消費者保護法》第 4 條規定，業對於提供服務時，應提供消費者充分與正確資訊，及實施其他必要消費者

保護措施。

2. 保密義務：

《不動產經紀業管理條例》第 25 條規定，經紀人員對於因業務知悉或持有之他人秘密，不得無故洩漏。這項規定目的在防止房仲人任意將別人的隱私隨便外洩，不得無故洩露客戶秘密，包含房屋交易價格、屋齡和車位數量及買賣雙方身份。

3. 連帶賠償責任：

仲介業未履行調查及說明義務，或是有其他違反注意義務的情形，往往會造成仲介買賣糾紛的原因之一，所以在委託業者交易時，應參考不動產委託銷售定型化契約應記載及不得記載事項等，作為簽訂委託買賣不動產契約時內容。且參照《不動產經紀業管理條例》第 6 條第 2 項規定，經紀業因經紀人員執行仲介或代銷業務的故意或過失行為致交易當事人受損害者，該經紀業應與經紀人員負連帶賠償責任。

1.5

交屋後發現瑕疵……？
買方可主張的法律權利、求償依據

　　因眼看房價節節高升，小玉生怕日後房價一去不回，便急著將現有手頭資金投入房地產，在一心急著買房的心理因素驅動下，小玉沒有想太多與研究清楚，便買下了一個剛完工的新建案，並且很快地完成付款、貸款與交屋。

　　但萬萬沒想到的是，小玉交屋後居然發現，房屋產權不清楚，公設更是毫不符合當初的廣告內容。另外，建商使用的建材品質不佳及施工不良，牆壁出現滲漏水及龜裂情形，椿椿件件都讓小玉煩心不已，她該如何向建商主張自己的權益？法律上又有甚麼相對應的規定，可供參考？

其實，買方若購買房屋發生上述或其他類似的情形，可以依照《民法》瑕疵擔保及債務不履行規定，維護自身權益：

而所謂的「房屋瑕疵」即是指，存在於買賣標的房屋上的缺點。而依照《民法》第 354 條規定：「物之出賣人對於買受人，應擔保其物依第 373 條之規定危險移轉於買受人時無滅失或減少其價值之瑕疵，亦無減失或減少其通常效用或契約預定效用之瑕疵。」

因此根據此規定，又可將買賣中的「瑕疵」分為以下三大類：

（1）價值減損：買賣物的價值降低，導致在市場上的交換價值不如買賣契約時所約定，如凶宅、海砂屋、輻射屋等。

（2）效用減損：買賣物的通常效能減損，如漏水、壁癌、海砂屋、山坡地住宅、坪數不足、產權及使用權爭議（二次施工、違法使用）等眾多類型。

（3）欠缺契約預定的保證品質：買賣物欠缺約定時所應達到的功效或品質，如施工使用建材等級與約定不符。

» 一般房屋交易時常見瑕疵、注意事項

一般房屋買賣交易上，常見瑕疵及注意事項有以下幾種，說明如下：

1.產權不清：這種情況通常發生在建商當初收購土地時，產權不清，無法順利移轉給住戶；或是地下室的產權有爭議，例如以少賣多、停車位使用權轉讓等等。因此，購屋時要先看清楚土地建物的產權登記，確實瞭解停車位和車道的產權歸屬與計算方式。

2.坪數落差： 不動產每坪動輒幾十萬，甚至上百萬，每坪差價核算下來，總價就差很多。實務上也偶有發生，建商坪數計算錯誤，甚至虛灌坪數的情形，因此，若對於坪數是否與約定相符有疑慮時，不妨央請專業丈量人員協助，若發現建物與房屋登記總面積出現誤差，不足的部分，買方也可以請求賣方找補、賠償。

3.施工品質不良： 不論是新成屋或是中古屋，經過一定時間的居住使用，若當時施工品質不佳，或超過建商最初保固期，可能會發生房子牆壁龜裂，水管爆管、瓷磚浮凸、瓷磚地板空心等問題，在驗屋時應該一併多加檢查注意，若有瑕疵，第一時間通知賣方進行修繕，若無法修繕，也可請求減價或賠償。

4.漏水、壁癌和龜裂： 中古屋最常見的糾紛就是漏水、壁癌和牆壁龜裂問題，老房子難免年久失修，買方看屋前務必睜大眼睛多看幾次，簽約時一定要請仲介或賣方針對屋況詳加確認，對有問題的瑕疵提出修繕或折抵價金的要求。

另外若擔心交屋後不久才發生漏水，買方也可以要求賣方或仲介業者提供一定期間（例如六個月）的漏水保固等服務，增加法律上保護的機制。再者，常見的瑕疵還有像是公設不足、未完工或違法使用（二次施工）、建物或建材跟原設計不符、凶宅（參考本章第六節說明）、海砂屋（參考本章第六節說明）。

» 何謂「房屋現況說明書」

目前一般在房屋成屋交易買賣上，都會附上「房屋現況說明書」，並

且詳細羅列各種的屋況記載，例如是否有滲漏水情形、是否為海砂屋、是否為輻射屋等，賣家必須要如實填寫，若填寫不實造成買家認定房屋現況有誤的話，買家除了可以主張民事上的解約、求償責任，依個案情況不同，若有故意隱匿或欺罔，賣家也有可能涉犯詐欺的刑事犯罪責任。

　　因此在買房簽約前，好好仔細研究標的物現況說明書，並且與自己看屋的過程比對是否記載相符是非常重要的事情。購買房屋時務必詳細確認各項內容是否與實際情形相符，才不會錯失可以拒絕購買或議價，甚或是提出要求對方改正修繕的機會。切記第一定要將契約及標的物現況說明書好好保存，以利未來若發現房屋有瑕疵需要向賣家主張權利時，有充分的資料佐證。

　　更保險的作法是，簽約前就必須按照房屋標的物現況說明表，逐項檢查房屋實際情形，若有瑕疵或疑慮，第一時間提出反映，並就解決方法達成共識，載明於合約中（例如針對屋頂漏水，賣方承諾於多久時間內完成修繕，並提供一定期間保固等）。而在交屋時，可再次確認現況說明表所載房屋狀況有無變動，若有瑕疵，也一樣在第一時間提出通知賣方，並按照前述方式處理。實務上常見以「現況交屋」來作為房屋約定交屋狀態的情形，賣家通常會加註一條約定「雙方同意依標的物之現況交付」，簡單來說就是，雙方同意買家所拿到的房屋品質現況，就是賣家所擔保的品質，倘若房屋現況有瑕疵，那也是買家在購買時就已知的瑕疵。例如房屋現況有漏水、牆壁有龜裂，那麼依現況交屋的意思就是買家承認所購買的房子「本來就有漏水和牆壁龜裂」，買家日後便不能再用此理由向賣家主張瑕疵擔保修繕賠償責任。

由此可見，既然是按照「現況交屋」，「現況」要如何認定是非常重要的，因此在一般房屋的購屋契約上會有「房屋／標的現況說明書」，用來描述房屋的現況，此後買賣雙方所同意的房屋現況，就是依現況說明書的記載來認定。賣屋者必須將屋內已知的瑕疵透過拍照等記錄方式，詳細附在買賣契約的附件中，確保買方都知悉且接受。賣方已詳盡告知屋況瑕疵，並列出在不動產說明書中，買方也確實知悉這些屋況問題，後續才不會有所爭議。因此，買方購屋時務必看清楚不動產說明書，才能確保權益。

除此之外，房仲業者也必須善盡物件的據實調查義務，因此在房屋的物件資料中也會附具「建物現況說明書」或「不動產說明書」供買家參考房屋的現況。不同賣方、仲介的提供的物件說明資料可能會略有差異，買方可事先向仲介索取資料了解，另外有關購買房屋時，房屋仲介選擇及相關責任注意事項，可參考本章第四節說明。

因為單純用「現況交屋」文字，容易讓雙方責任產生不容易釐清的弊端，因此為了避免爭議，建議購屋者在購買新成屋或是中古屋時，買賣契約書裡都避免使用「現況交屋」的字詞，而是用最直接最清楚的方式記載屋況問題，說明雙方的權利及義務，包含前述一般的房屋現況說明書，或是針對房屋個別具體特殊情形，另外以文字備註說明，例如：「買方因浴室天花板已裝潢而無法拆除查驗，日後若發覺此處有瑕疵所衍生的修繕費用，一律由賣方負擔……」，或「屋內廚房內側現有出現壁癌及牆壁龜裂狀況，已由賣方折讓售屋款20萬元，日後買方不得再以此事由瑕疵求償」。

這樣一來，就能把日後買賣雙方房屋的瑕疵爭議降到最低，避免衍生不必要的訴訟風險。

» 買到瑕疵屋，如何合法地自力救濟？

房屋買賣，尤其是中古屋，如果房屋經過裝潢，很多瑕疵是無法在一開始就被察覺，往往都是交屋入住一段時間後，才開始發現問題，例如房屋有漏水、壁癌、龜裂、海砂屋等問題，這時候買方雖然可以依照《民法》瑕疵擔保規定主張權利，但一定要特別注意以下規定，才不會讓自己的權益喪失：

1.「從速檢查」及「發現瑕疵後即刻通知對方」：

依據《民法》第 356 條規定：「買受人應按物之性質，依通常程序從速檢查其所受領之物。如發見有應由出賣人負擔保責任之瑕疵時，應即通知出賣人。買受人怠於為前項之通知者，除依通常之檢查不能發見之瑕疵外，視為承認其所受領之物。不能即知之瑕疵，至日後發見者，應即通知出賣人，怠於為通知者，視為承認其所受領之物。」。

也就是說，買方在點交受讓取得房屋後，有「從速檢查」及「瑕疵立即通知義務」，對於購買的房屋必須立即檢查，若發現房屋有瑕疵應立即通知賣方。

而如果不是一般人可以馬上發覺的瑕疵，即便在事後才發現，也應該立即通知對方，不然依法會被認為「視為承認其所受領之物」，也就等於無條件接受這樣的瑕疵，而發生失權效，未來將無法再對賣方主張瑕疵擔保責任（但如果是賣方故意隱匿房屋瑕疵，買方就不再受此限制，參照《民法》第 357 條）。

2.請求減價、損害賠償，瑕疵嚴重者，可以解除契約：

買賣房屋有瑕疵，買受人可以減少價金、損害賠償、解除契約等三種權利，分別說明如下。

（1）價金減少請求權：同樣依據《民法》第 359 條，買受人也可以選擇行使價金減少請求權。只要買受人對於出賣人以意思表示向出賣人表示減少價金，就是在行使價金減少請求權了，也就是針對瑕疵造成房屋交易或使用價值貶損的金額，直接以意思表示向對方通知請求減少價金數額。

（2）損害賠償請求權：依據《民法》第 360 條，若出賣人有保證買賣物的品質，而買賣物卻沒有達到所保證的品質，或是（二）故意不告知買賣物的品質時，買受人可以請求損害賠償。另外，此部分在司法實務上，買方通常會同時依照《民法》第 227 條：「因可歸責於債務人之事由，致為不完全給付者，債權人得依關於給付遲延或給付不能之規定行使其權利。因不完全給付而生前項以外之損害者，債權人並得請求賠償」。債務不履行不完全給付等規定，一併作為損害賠償之依據。

（3）契約解除權：依據《民法》第 359 條「買賣因物有瑕疵，而出賣人依前五條之規定，應負擔保之責者，買受人得解除其契約或請求減少其價金。但依情形，解除契約顯失公平者，買受人僅得請求減少價金。」買受人可以解除契約。解除契約後，買賣契約溯及失效，買賣雙方當事人的關係回復到如同沒有買賣契約一樣。買受人需要將買賣標的歸還出賣人，出賣人也需要將價金還給買受人。

但要注意《民法》第 359 條的例外規定，若是解除契約有明顯不公平的情形，出賣人不得行使解除權。解除契約對於出賣人造成的損害，顯然

大於瑕疵對買受人所產生的損害，就會被認為解除契約有明顯不公平的情形，此時買受人就不能行使解除權。

實務上認為「所謂顯失公平，係指瑕疵對於買受人所生之損害與解除契約對於出賣人所生之損害，有失平衡而言。衡量前開公平原則後，倘依社會通念買受人不得解除契約，僅能請求減少相當價金時，其瑕疵通常輕微，買受人仍有給付扣除該得減少價金後所餘價金之義務，而不得拒付全部之價金，始符誠信原則。尤其房地買賣，價值不菲，內部物件眾多，輕微瑕疵在所難免，更應遵循此一原則。」。

目前司法實務都以瑕疵是否可以修復，或是修復成本是否過高作為判斷，常見的像是輻射鋼筋、海砂屋等都是可以判准解除契約。其餘的如壁癌、一般房屋漏水的情形，因為大多是可以透過修繕來排除，對於房屋交易價格通常較高的情形下，若同意因此解除契約，就會有顯失公平的情形，故大多僅能減少價金或請求損害賠償。

3. 可否請求賣方修繕？

如果交付的房屋有瑕疵，可以透過合理修繕處理，依照前述瑕疵擔保請求權或是債務不履行規定，最多就是如果買方因此「需額外支付的自行修繕費用」，可以損害賠償名義向對方請求，但實際上並沒有直接可以「直接要求對方負責修繕」的依據。

但實務上，因為如果修繕便可處理，加上成本又不會太高，買賣雙方都可以接受，故而在許多情形下，買方如果針對瑕疵部分提出修繕要求，賣方通常是會同意的，畢竟比起提告進入訴訟程序，盡快將瑕疵部分修繕完成，反而是對買賣雙方更圓滿的解決方案。

4. 注意 6 個月及 5 年的短期時效：

依照《民法》第 365 條：「買受人因物有瑕疵，而得解除契約或請求減少價金者，其解除權或請求權，於買受人依第 356 條規定，爲通知後 6 個月間不行使或自物之交付時起經過五年而消滅。前項關於 6 個月期間之規定，於出賣人故意不告知瑕疵者，不適用之。」

因此買方應該特別留意，即使通知對方有瑕疵了，也應該在 6 月內主張解除契約或是減少價金，否則賣方的物之瑕疵擔保責任，會因爲買方沒有行使權利而消滅，因此通知賣方後 6 個月內，賣方如果置之不理，建議要在 6 個月內向法院提告，避免產生權利消滅的問題。

另外，受領標的物後若超過 5 年才主張，也會超過瑕疵擔保請求權的最後時效期限，這時便不能再主張，故而相對於一般時效長達 15 年，這邊的短期時效請務必特別注意。

1.6

有關凶宅、海砂屋與
不動產的買賣瑕疵

　　新屋市場炒作火熱，讓希望晉身有殼一族的季子望而興嘆，但即便失望，她還是找到了一些價格合理的標的物。於是，透過上網搜尋，她找到了一個在台北郊區的 30 年華廈大樓，房屋雖然較舊，但起碼以區域價格來說尚算合理。在與屋主商議幾次後，季子決定簽約買下，但豈知購買後沒多久，她就發現牆壁有時會有泥塊剝落的情形，上網搜尋相關資訊後才知道，這個社區竟然可能是一棟海砂屋，未來甚至有可能會出現結構安全的問題……。

　　另外，社區甚至有發生住戶自殺的情形，可能也是凶宅，季子深覺自己被騙得，甚至感覺當時或許買貴了，所以想向賣方以「海砂屋」及「凶宅」求償，但季子的請求是有道理的嗎？而其可以求償的範圍，又是甚麼？

» 凶宅 VS. 海砂屋的定義

　　不動產交易市場中，針對買賣標的物有瑕疵，有諸多類型，可能是有漏水、海砂屋或結構上問題，這些通常是物理上或科學上可供判斷，但有一種類型，是無法用物理或科學方式來進行測量，但在一般不動產市場仍然會被認定是有瑕疵的情形，這也就是我們一般通稱房屋屬於「凶宅」的情形。

　　法院實務判決普遍認為，凶宅屬於具有物之瑕疵情形，主要理由為「依我國社會民情，一般大眾對於凶殺或自殺致死之事件，多存有嫌惡畏懼心理，亦會因而擔憂居住、使用此類房地之生活品質。反映於交易市場，不僅稱之為「凶宅」，因為此類房地產的市場接受程度及交易價格，均較未曾發生凶殺或自殺致死事故者為低，甚至常須降價求售。因此，房地若曾發生凶殺或自殺致死事故，將致其欠缺通常之價值，自屬有物之瑕疵。」所以原則上出賣人如果出賣凶宅，應依《民法》規定，負物之瑕疵擔保責任。

　　另外，出賣人若是故意不告知買受人該房屋是凶宅，可能因此觸犯《刑法》第 339 條詐欺取財或得利罪嫌。

　　一般人聞凶宅色變，通常不願意購買，更害怕住進去，所以如果真買到凶宅，確實難以處理，勢必陷入「出售、自用，皆不宜」的困境。不過，報章雜誌或新聞輿論常提到的「凶宅」，在法律的界定上其實是必須要符合一定的要件，才會被認為是屬於具有法律意義「瑕疵」性質的凶宅。也就是說，凶宅「兇」不「兇」？還是要法律說了算……。

依照內政部相關函釋標準，是否構成凶宅，基本上有三大判斷標準：

（1）在賣方產權持有期間內發生。

（2）在專有部分發生。

（3）兇殺、自殺、一氧化碳中毒或其他非自然死亡之情形。

因此，如果不符合上述標準，縱使曾在屋內有發生死亡結果（例如在屋內睡夢中自然死亡），在法律上也不會構成「凶宅」，不論是法拍或一般買賣交易取得，都不能主張取得房屋屬於凶宅，請求該物之瑕疵擔保的損害賠償。

另外，因為凶宅對於買賣標的物的價值影響直接而巨大，一般民眾可以上民間所建立的不同查詢網站（例如「凶宅網」等），初步比對確認購買的房屋是否屬於凶宅，因此，為了保險起見，建議購買前可同時至相關官方或民間凶宅查詢網站查核確認，完整瞭解標的物的現況，充分維護自身購買權利。

而「海砂屋」是指，房屋有混凝土氯離子含量過高之情形，是一種高氯離子鋼筋混凝土建築物，主要是指興建房屋時，拌和之混凝土中摻入了海砂替代正常使用的河砂，在海砂中的氯離子影響作用下，導致房屋產生混凝土剝落、鋼筋外露的狀況，造成房屋的主體結構嚴重影響居住安全。

在一般司法實務中，法院會委由土木技師公會、建築師公會、結構技師公會等單位鑑定混凝土氯離子含量，若鑑定結過認定該房屋混凝土氯離子含量過高，就是一般俗稱的「海砂屋」，足以減損其通常效用及交易價值，構成房屋買賣的瑕疵。

想了解房屋的資訊，可以找地方政府建築管理單位，查詢列管的海砂

屋名單。不過，目前僅有部分縣市將屋主申報的而列管的名單公開，例如臺北市建築管理工程處所造冊的《列管清冊及相關法令專區 - 臺北市高氯離子混凝土建築物善後處理自治條例公告列管清冊》（2021）；另外，新北市則有建置「新北市高氯離子鋼筋混凝土建築物」查詢系統 1，因此，若有需要在這些地區找尋購買的房子，可先透過該網站做初步查詢，不過這並不代表沒列管的就不是海砂屋，還是要一併注意房屋有無顯現可能是海砂屋的特徵、跡象。

而分辨是否有可能是海砂屋，可從以下三方面來注意：

（1）牆面是否有白色結晶或油漆剝落等壁癌現象。

（2）是否有混凝土剝落情況，甚至是鋼筋外露生鏽的情形。

（3）天花板、牆面是否有產生裂縫、龜裂。

» 真碰上凶宅或海砂屋了，我該怎麼辦？

凶宅、海砂屋與房屋漏水一樣，都是屬於買賣的標的物有瑕疵，依照前述物之瑕疵擔保權利主張的相關說明，必須留意：

（1）買受人有「從速檢查」及「發現瑕疵後即刻通知對方」之義務（此部分參本章第五節）。

（2）買受人得主張減少價金、損害賠償或解除契約（此部分參本章第五節）。

此部分需特別說明，有關凶宅或海砂屋造成房屋價值貶損的部分，雙方若對於金額有爭執，往往必須透過訴訟來判定，此時法院仍會委由專業

不動產估價單位，作爲市場交易價值影響判斷之依據。

　　另外，因爲縱然確定有凶宅或海砂屋情形，買方如果就是確定不想買，想解除契約，但此時仍會受到「解除契約不得顯失公平」的限制。因此，爲免發生這種情況，買方也可以在簽約時加註「若經確認爲凶宅或檢測確認爲海砂屋者，買方有權利無條件解除契約」等文字，就可以避免買到凶宅或海砂屋卻無法解約的問題。

---

1. 網址：https：／／building-apply.publicwork.ntpc.gov.tw／ntnoo

住宅篇 II
房東 VS. 租客

2.1

簽訂租約時的注意事項

　　小新與小花是閨密，工作地點及住所也相近，因此想要一起在市區找房子來分租，除了生活上有個照應，共同分擔租金費用也可減輕經濟壓力。

　　找了一段時間後，終於覓得合適的住所，但尷尬的是，房東剛好也是第一次擔任包租公，對於出租房屋後，雙方如何簽訂租賃契約，內容怎麼約定更無概念……，實在令人傷腦筋。

　　基本上，一份完整且基本的租賃契約應該包括哪些法條內容？

　　又有甚麼是租約中，應該記載或不應該記載的事項？

　　參照行政院依據《消費者保護法》第 17 條第 1 項規定，以及行政院109 年 5 月 26 日院臺消保字第 1090175041 號函所頒訂之「住宅租賃定型化契約應記載及不得記載事項」（原名「房屋租賃定型化契約應記載及不得記載事項」），在簽訂房屋住宅租賃契約時，必須注意下列應記載與不得記載的事項，以免發生不必要的爭議。

　　另外，「《租賃專法》」（全名「租賃住宅市場發展及管理條例」）於 112 年 2 月修法增訂第 5 條第 1 項「租賃契約出租人及承租人間視為具消費關係，適用《消費者保護法》相關規定」時已有規定，考量過往有部分出租與承租人之間，雙方不必然具有消費關係，但一般民眾實際上卻也難以區別箇中差異，故而為了避免規範上的保護不夠周全，並且期望協助民眾處理租約糾紛，周延租屋保障，所以再次修正住宅租賃契約，希望全面適用《消費者保護法》的定型化契約規範（包含「住宅租賃定型化契約應記載及不得記載事項」規定）、違規罰則及爭議處理等各項規定。

» 契約上「應記載」的事項

　　這部分主要針對雙方權利義務、違反效果、終止權及租約終止後的各項處置，其中包括：

　　1. 契約審閱期： 租約必須明訂給予承租人一定期間之審閱期，如記載「本契約於中華民國＿＿年＿＿月＿＿日經承租人攜回審閱＿＿日。」，且所給予的契約審閱期間至少 3 日以上，目的在於保護承租人能充分了解契約內容，避免單方提供之租約中包含對承租人不利或不甚理解的條款，

給予充分審閱期，承租人在充分瞭解或諮詢專業人士（例如：律師、代書、仲介）再行簽約，反而能避免後續不必要的爭執或糾紛。

2.房屋租賃標的：包含標示：門牌號碼、專有部分與共有部分（建號、權利範圍、面積）、有無附車位及位置、有無附屬設備、有無設定他項權利（若有，權利種類）、有無查封登記等項目。

3.租賃期間：一般會記載「租期自＿＿＿年＿＿＿月＿＿＿日起至＿＿＿年＿＿月＿＿＿日止。」另外，租約期間必須至少 30 日以上，也就是禁止「短期租約」（日租型租約）。

4.租金約定及支付：通常會約定「承租人於每月＿＿＿日前支付每月租金＿＿＿元」，並載明「承租人不得無故拖欠租金，出租人不得藉故調漲租金」（但若房東願意「調降」租金，則當然不受限制），而租金交付則建議載明銀行帳戶，供承租人以轉帳匯款方式支付。（關於承租人租金給付義務參本章第三節）

5.擔保金（押金）約定及返還：擔保金（押金）主要是作為日後租約雙方有爭議時，相關損害賠償或積欠債務的擔保。不過，所約定的押金原則上最高不得超過 2 個月房屋租金的總額。出租人應於租期屆滿或終止，承租人返還租賃住宅時，返還押金（若有扣抵債務，則返還餘額）。

6.租賃期間相關費用之支付：包含管理費、水費、電費、瓦斯費、網路費或其他因租賃所衍生的相關費用，應於租約中載明須由何方負擔、負擔比例、計算標準、支付方式等。

7.稅費負擔的約定：租約期間，有關的房屋稅、地價稅原則上會約定房屋稅、地價稅由出租人負擔。另外，租約公證費用或其他代辦費用，則

由雙方約定具體分擔方式及比例。

8. 使用房屋的限制：此部分主要是約定租賃房屋供居住使用，且承租人必須遵守公寓大廈規約，並且不得違法使用。另外，對於承租人可否將房屋全部或一部份轉租他人，可由出租人及承租人雙方自行約定後，載明於租約中。

9. 修繕及改裝：租賃住宅及附屬的設備損壞，原則上是由出租人負責修繕，但如果租約另有約定，或因損壞是可歸責於承租人之事由，出租人可以不負修繕義務。另外，契約中通常會載明，如果承租房屋需要修繕，承租人應如何通知催告出租人來進行修繕等流程。

10. 室內裝修：承租人有室內裝修之需要，應經由出租人同意並依相關法令規定辦理，並且不得損害原有建築結構之安全性。

11. 出租人之義務與責任：出租人應出示有權出租本租賃住宅之證明文件，以及國民身分證或其他足以證明身分之文件，以供承租人核對。且出租人應以合於所約定居住使用之租賃住宅，交付承租人，並應於租賃期間保持其合於居住使用之狀態（此部分參本章第二節）。

12. 承租人之義務與責任：承租人應於簽訂本契約時，出示國民身分證或其他足資證明身分之文件，供出租人核對。承租人應以善良管理人之注意，保管、使用租賃住宅，若有違反注意義務，導致房屋毀損或滅失者，則應負擔損害賠償責任。

13. 租賃住宅部分滅失處置：若因不可歸責於承租人之事由，導致租賃住宅之一部分滅失，承租人得按滅失之部分，請求減少租金。

14. 終止租約：主要是約定租賃期間，雙方是否可以任意提前終止租

約，以及應提前至多久前（通常會約定提前至少一個月以上的時間），以何種方式通知對方？另外，亦可能約定提前終止租約一方，需要支付對方的違約賠償金額？（一般不得高於一個月租金之數額。）

15.租賃住宅之返還：主要規定租賃期間屆期或終止後，承租人須返還房屋的點交手續、遷出戶籍登記，以及若未履行上述義務時，相關催告、押金扣抵等處理流程方式。

16.出租人於租賃住宅交付後，承租人仍占有中，縱將其所有權讓與第三人，本契約對於受讓人仍繼續存在。即「買賣不破租賃」，此部分可參閱本章第四節說明。

17.出租人得以提前終止租約事由（此部分參本章第五節說明）

18.承租人得以提前終止租約事由（此部分參本章第五節說明）

19.處理遺留物：租賃關係消滅，且已完成點交或視為完成點交之手續後，承租人仍於租賃住宅有遺留物者，除租賃雙方另有約定外，經出租人定相當期限向承租人催告，屆期仍不取回時，則視為拋棄其所有權。

20.租約期間的通知：租約關係中，除非另有約定，原則上以郵寄作為雙方通知之方式，且以租約所記載之地址為準。

21.其他約定：包含是否辦理租約公證，是否有逕受強制執行約款。

22.契約及其相關附件（包含出租廣告）效力。

23.當事人及其基本資料。

» 契約上「不得記載」的事項

至於這部分，主要針對限制或免除租賃當事人一方義務、剝奪租賃當事人一方權利、顯失公平事項，包括有：

1. 不得記載拋棄審閱期間。

2. 不得記載廣告僅供參考。

3. 不得記載承租人不得申報租賃費用支出。

4. 不得記載承租人不得遷入戶籍。

5. 不得記載應由出租人負擔之稅賦，若較出租前增加時，其增加部分由承租人負擔。

6. 不得記載免除或限制《民法》上出租人故意不告知之瑕疵擔保責任。

7. 不得記載承租人須繳回契約書。

8. 不得記載本契約之通知，僅以電話方式為之。

9. 不得記載違反強制或禁止規定。

10. 不得記載承租人不得申請租金補貼。

2.2

房東的權利與義務

　　小玉向房東大寶租屋居住，沒想到簽約入住後短短一年內，房屋便開始發生廚房設備漏水的情況……，小玉向房東反應，房東卻表示，當初就是按照現況承租，小玉也已使用近一年了，表示基於「使用者付費」的原則，應由小玉自行處理修繕房屋問題。

　　房東的說法，是否合理？

　　另外，如果漏水問題太嚴重，造成小玉個人購買的物品遭到滲水毀損，小玉可否主張終止租約及賠償？另外，房東若在租約中載明「由房客負擔修繕費用」，上述情況是否會大不相同呢？

　　根據《民法》第 421 條：「稱租賃者，謂當事人約定，一方以物租與
他方使用收益，他方支付租金之契約。」此外《民法》第 423 條亦有規定：
「出租人應以合於所約定使用收益之租賃物，交付承租人，並應於租賃關
係存續中，保持其合於約定使用、收益之狀態。」而「按出租人應以合於
所約定使用、收益之租賃物，交付承租人，並應於租賃關係存續中保持其
合於約定使用、收益之狀態，且需符合《民法》第 423 條之明文規定。

　　由此規定可知，出租人不僅應於出租後以合於所約定使用、收益之租
賃物交付承租人，並且應於嗣後租賃關係存續中，保持其合於約定使用、
收益之狀態。」[1]

» 房東首要義務：交付、維持、修繕租賃物

　　基本上，出租人有交付及保持租賃物狀態之主給付義務，否則就是違
約行為，房客可以要求終止租約及損害賠償。因此，既然出租人之義務包
含交付及維持租賃物，有關租賃物之維修，原則上自然就屬於出租人應負
擔之契約義務。

　　按照此法律責任原則，《民法》第 429 條、第 430 條分別規定「租賃
物之修繕，除契約另有訂定或另有習慣外，由出租人負擔。出租人為保存
租賃物所為之必要行為，承租人不得拒絕。租賃關係存續中，租賃物如有
修繕之必要，應由出租人負擔者。」此外，「承租人得定相當期限，催告
出租人修繕，如出租人於其期限內不為修繕者，承租人得終止契約或自行
修繕而請求出租人償還其費用或於租金中扣除之。」

　　再者，《租賃專法》第8條亦規定：「出租人應以合於所約定居住使用之租賃住宅，交付承租人，並應於租賃期間保持其合於居住使用之狀態。出租人應於簽訂租賃契約前，向承租人說明由出租人負責修繕項目及範圍，並提供有修繕必要時之聯絡方式。前項由出租人負責修繕者，如出租人未於承租人所定適當期限內修繕，承租人得自行修繕並請求出租人償還其費用或於約定之租金中扣除。出租人為修繕租賃住宅所為之必要行為，承租人不得拒絕。」上述規範重點主要在於，要求房東應於簽約前，充分說明租賃期間本身負責修繕之項目及範圍，並應保持租賃住宅適合居住及使用，如未於適當期限內修繕，房客得以自行修繕，並向出租人請求償還費用或從租金扣除。

　　另外，在《租賃專法》所適用之「住宅租賃定型化契約應記載及不得記載事項」第9條「修繕」部分，更有進一步具體規定，此亦可作為租賃物修繕處理的標準流程參考：「租賃住宅或附屬設備損壞時，應由出租人負責修繕。但租賃雙方另有約定、習慣或其損壞係可歸責於承租人之事由者，不在此限。前項由出租人負責修繕者，承租人得定相當期限催告修繕，如出租人未於承租人所定相當期限內修繕時，承租人得自行修繕，並請求出租人償還其費用或於第四點約定之租金中扣除。而出租人為修繕租賃住宅所為之必要行為，應於相當期間先期通知，承租人無正當理由不得拒絕。前項出租人於修繕期間，致租賃住宅全部或一部不能居住使用者，承租人得請求出租人扣除該期間全部或一部之租金。」

　　原則上，出租人負擔租賃物修繕，但是當事人可以另外約定修繕責任、分配方式。不過，如果雙方租約另有約定（例如雙方在租約中載明「入住

超過 6 個月，物品損壞要共同負擔維修費用」，這雖與《民法》及《租賃專法》規定由出租人負擔修繕義務之情形不同，但因法律是允許雙方另行約定修繕義務分配、處理方式的，所以若租約另有約定，那就還是得按照約定事項，進行修繕事宜）。在簽訂租約前應看清楚租約修繕條款，包含責任歸屬分配方式，並加註修繕項目及範圍，否則口說無憑，日後恐易生爭議。

　　總之，雙方租賃契約中，若無特別約定「房客應負修繕責任」時，則依據《民法》第 423 條及第 429 條第一項的規定：出租人（房東）有修繕的義務。但若契約中已明定「房客應負修繕責任」時，房東就須依照上述《民法》所示，應負之修繕義務即已排除，此時，房客便無法要求房東修繕。所以需特別提醒，尤其是身為房客一方，因租賃契約版本之修繕責任歸屬各有不同，簽約時請謹慎閱讀，以免自身權益受損。

　　房屋若需要修繕，房客要即時通知，並給予相當期間催告房東來修繕，若房東逾期不為處理，房客可以自行修繕，並請求相關修繕費用，或直接自應付租金中扣除該費用（實務判決見解也認為房客可以拒絕支付此部分租金）。出租人若要進行房屋修繕，房客原則上不可以拒絕，除非有正當理由。不過在房屋修繕期間，若有造成房屋無法居住使用的情形，房客可以按比例情形請求扣除該部分租金。另外，房客針對租賃物修繕，已經通知房東一定期間處理，但房東仍不處理者，房客若無意再繼續租約（例如漏水已經造成難以居住或居住品質大幅降低），亦可以房東此項違約事由來主張終止租約（《民法》第 430 條）。

　　房東未善盡修繕義務，若造成房客財產或非財產損失，不論房客最終

是否選擇維持租約或終止租約，房客都還是可依照《民法》侵權行為（《民法》第184條第一項「因故意或過失，不法侵害他人之權利者，負損害賠償責任。故意以背於善良風俗之方法，加損害於他人者亦同。」）或債務不履行規定（《民法》第227條「因可歸責於債務人之事由，致為不完全給付者，債權人得依關於給付遲延或給付不能之規定行使其權利。因不完全給付而生前項以外之損害者，債權人並得請求賠償。」）請求所受之財產（自行購置的家電財物）、非財產上（居住安寧受到侵害）之損害。

» 要求房東修繕租賃物的原則

因此，針對房屋需要請房東修繕，處理的方式可以區分為：

1. 有意繼續承租：

第一步是先請水電師傅先來檢查一下問題並估算修繕的費用。如果修繕費用不高，可以先發送一封存證信函給房東，要求房東在限期內進行修繕（實務上雖然也有用訊息通知的情形，但也有發生對方不承認有收到訊息而各說各話的狀況，但若訊息發送可以被證明，例如LINE訊息有已讀功能，一開始在不傷和氣的考量下也可以用文字加上照片的方式，傳送訊息給房東，來達到催告的目的。）。如果房東在期限內沒有進行修繕，房客就可以自己雇工來進行修繕，然後把修繕的費用直接從次個月的租金中扣除，但記得保留單據、拍照證明，以便向房東主張請款或扣除。

2. 不願意繼續承租：

需要先催促房東來進行修繕處理，可以發送一封存證信函，要求房東在限期內完成修繕，並同時告知房東，如果逾期未修，將會終止雙方的租賃關係。如果房東在期限內還是不進行修繕，則可以再發送一封存證信函，根據《民法》第 430 條的規定，正式終止雙方的租賃關係。接下來再和房東協調搬遷和退還押金的後續事宜。而不論是否房客是否選擇終止租約，若因房東未修繕造成房客財產或非財產上損失，房客都可以依據《民法》第 184 條或第 227 條規定，請求房東賠償損失。

» **房客交屋時的注意事項**？

畢竟「不怕一萬，就怕萬一」，如果在租房期間出現設備或設施的問題，就可能會導致責任不清的情況。因此，在搬進新家之前，一定要確保做到以下三點：拍照、清點和測試。在入住之前，進行房屋狀況的點交是非常重要的。房客應該詳細列出點交清單，並拍照作為證據，這包括拍攝新屋內外環境的照片，記錄下整體房間狀況、廁所的情況以及房間內各種附屬家具和設備的圖片。此外，也要仔細清點房間內的家具和設備，確認它們是否與合約上登記的數量一致。同時，要檢查各種家電和家具是否能正常使用，特別是冷氣、冰箱和洗衣機這類大型電器，最好插上電試用一下，這樣在退租時房東檢查時也會更清楚，避免未來的爭議。

---

1. 最高法院 89 年度台上字第 422 號民事判決意旨參照，原證 1。

2.3

租客的權利與義務

　　房東太太出租套房給上班族阿三，簽約時約定，每個月的五號支付租金，租金則是1萬元，至於押金則是2個月租金。

　　但阿三開始搬進租屋後，卻經常延遲繳交租金，甚至需要房東太太幾番催繳後才肯付錢……。搞到後來，房東太太實在受不了了，於是便在下個月租金付款日到期前，直接跟阿三約法三章，表明「如果這個月再遲繳租金，那我們就直接解除租約吧，請你即刻搬離……」

　　請問，房東太太這樣的主張，合法嗎？

　　又如果，其中一方想要解除或終止租約，法律上應該如何進行跑流程，才會更加有效且適當？

　　相對於我在前面章節曾提及，房東最主要的義務在於交付及維持租賃物；相對地，房客最主要之義務即在於「按照約定遵期支付租金」。此部分在《民法》第421條及第439條中即有規定：「稱租賃者，謂當事人約定，一方以物租與他方使用收益，他方支付租金之契約。」

　　「承租人應依約定日期，支付租金；無約定者，依習慣；無約定亦無習慣者，應於租賃期滿時支付之。如租金分期支付者，於每期屆滿時支付之。如租賃物之收益有季節者，於收益季節終了時支付之。」。

　　另外，若房客未按期支付租金，房東亦有相對應可主張的權利，例如：

1. 從押金中扣抵租金、押金：

　　這是房客交給房東的保證金，用來擔保租賃關係中，房客違約所產生的一切債務，因此，房客如果積欠房租，房東當然可以主張直接從押金中扣除租金。但必須特別注意的是，此部分是房東可以選擇自押金中扣除，但房客如果有積欠租金，並無要求房東自押金扣除的權利。

　　因此，若房東拒絕同意從押金中扣除，則押租金便不能用來扣抵租金，房客仍需要針對積欠的租金，另行完成支付租金義務。

2. 終止租約：

　　依照《民法》第440規定，「承租人租金支付有遲延者，出租人得定相當期限，催告承租人支付租金，如承租人於其期限內不為支付，出租人得終止契約。租賃物為房屋者，遲付租金之總額，非達2個月之租額，不得依前項之規定，終止契約。其租金約定於每期開始時支付者，並應於遲

延給付逾二個月時，始得終止契約。」

因此，房客積欠租金，房東雖然可以主張終止租約，但仍需房客所積欠的租金總額達到 2 個月的租金數額時，且經由房東催告仍未支付，房東才可以終止契約並請求返還房屋。

此外要特別留意的是，依照《土地法》第 100 條的規定，「出租人非因左列情形之一，不得收回房屋。......三、承租人積欠租金額，除擔保金抵償外，達 2 個月以上時。」因此，租約若有約定押租金，房東應先自押金中扣抵租金，扣抵後積欠的欠租餘額仍達到 2 個月租金時，房東才可主張終止租約。

» 行使「留置權」

「留置權」是房東用來保障自己對房客債務的一種權利，房東可以扣留放在房屋內的房客財物，以作為抵償房客因未履行租約所產生的欠款。因此，如果房客未支付房租，或者損壞了房屋設備，當房東要求賠償而房客卻不願意賠償的時候，房東可以根據這項規定行使留置權，阻止房客隨意將屋內的物品搬出。此外，房東還可以將這些被扣留的財產變賣，以抵償房客所欠的租金或其他債務。

依照《民法》第 445 條規定，「不動產之出租人，就租賃契約所生之債權，對於承租人之物置於該不動產者，有留置權。但禁止扣押之物，不在此限。前項情形，僅於已得請求之損害賠償及本期與以前未交之租金之限度內，得就留置物取償。」

　　最後，則是有關房客（即承租人）其他租賃契約義務，整理如下：

　　1. 保管義務：承租人對於租賃物應負善良管理人義務，若因違反進而導致租賃物毀損、滅失者，則應負損害賠償之責。承租人之同居人或因承租人允許為租賃物之使用、收益之第三人應負責之事由，導致租賃務毀損、滅失者，承租人亦應負損害賠償責任（根據《民法》第 432 條、第 433 條規定）。

　　2. 失火責任：規定租賃物因失火導致毀損、滅失時，僅有承租人為重大過失，才需負責（根據《民法》第 434 條規定）。

　　3. 依約定使用收益：承租人應依約定方法或依租賃物之性質而定之方法，為租賃物之使用收益，違反者經阻止仍繼續，出租人得終止租約（根據《民法》第 438 條規定）。

　　4. 返還租賃物：承租人於租賃關係終止後，應返還租賃物，且應回復租賃物原有的狀態或依正常情形，經使用過後而應有的狀態（根據《民法》第 455 條規定）。

2.4

買賣不破租賃
有關毀約、隨意更動合約條件……

　　小向透過租屋交易平台找到房東太太，看屋後，雙方簽訂租賃契約作為居住使用，但並未辦理公證！而在住了半年後，房東太太就因資金需求，有意出售套房給買家小劉。

　　但小劉認為，舊房東與小向原先簽訂的租約太便宜，也給房客太多優惠，因此跟小向表示，必須按照他的條件重新簽約，否則他不會承認這份租約，並限小向3日內回覆是否同意，否則就會主張合約無效、解約，並要求小向搬走。

　　小向該如何應對？

　　法律上有無保障房客權益的條款？

　　實務上，常有遇到房客向屋主承租房屋入住後，租期還沒屆滿，房東就突然通知說房子賣掉了，新屋主便來通知說房屋另有規畫使用安排，原本租約不算數，請房客搬走……。

　　遇到這樣情況，房客通常都會很慌張，不知道法律上有無保護自己的規定。

　　實際上，《民法》已經預設有這樣的保護房客機制，在《民法》第425條規定：「出租人於租賃物交付後，承租人占有中，縱將其所有權讓與第三人，其租賃契約，對於受讓人仍繼續存在。前項規定，於未經公證之不動產租賃契約，其期限逾5年或未定期限者，不適用之。」

　　這其實一般稱為「買賣不破租賃」，意思是租賃契約若成立在前，後成立的不動產移轉行為（最常見就是買賣），不會打破先成立的租賃契約（所以稱「不破」租賃），承租人依然有權繼續使用、收益該租賃物，不會受到買賣移轉所有權變更所有人（屋主、地主）的影響。

　　此部分在法律上稱之為「法定債之移轉」，也就是原本出租人與承租人關係，直接依照法律規定，移轉至新屋主與原房客之間，租賃契約之約定內容，亦直接由新屋主與原房客之間繼續存在，雙方仍是依照原租約內容繼續履行相關。

　　另外《租賃專法》中第16條亦規定：「租賃住宅所有權之讓與出租人於租賃住宅交付後，承租人占有中，縱將其所有權讓與第三人，本契約對於受讓人仍繼續存在。前項情形，出租人應移交押金及已預收之租金與受讓人，並以書面通知承租人。本契約如未經公證，其期限逾5年者，不適用前二項之規定。」

同樣是再次重申《民法》425 條「買賣不破租賃」的意旨，另外並明文規定，原出租人已收受的押金及租金，必須移交給新屋主，並且將此事項以書面通知房客。不過，買賣不破租賃原則僅適用於不動產買賣與租賃的情形，並且有兩項例外情況，是不適用買賣不破租賃原則的（根據《民法》425 第 2 項《租賃專法》第 16 條第 3 項規定）：未經公證的不定期租賃契約。

未經公證且租約超過 5 年的租賃契約，因為不定期租賃或超過 5 年的租約，對於不動產使用的期間都會較長，對於不動產新的受讓人來說，如果租約長期都無法變更改變，對於不動產使用影響較大，因此，法律要求在這兩種情形下，租約必須經過公證，確保租約的真實性，房客才可以主張買賣不破租賃，否則若未經過公證，即便房屋被轉賣、新屋主不願繼續出租，要回收房屋，房客也不得以「買賣不破租賃」原則對抗新屋主。

2.5

房客換門鎖、屋主斷水電……，

雙方諜對諜，終止租約誰說了算？

　　婷婷大學畢業，北上來到天龍國求職，並在市區承租小套房居住，但入住後沒多久，婷婷就發覺房東太太經常擅自進入房屋，甚至提醒婷婷房間太亂要整理，讓婷婷深感不安。於是，婷婷決定自行請鎖匠更換門鎖，豈料房東太太發覺後很生氣，覺得原本門鎖被破壞，讓她無法自由進出房屋，一狀告上法庭，控告婷婷毀損及妨害自由。

　　但說真的，這就究竟誰說了算？

　　另外，房東太太如果覺得婷婷實在太難搞，有時還會拖欠租金，所以選擇以斷水斷電方式來逼迫婷婷補繳租金，是否可行？

　　再者由於雙方關係已趨惡化，都想單方終止租約，卻又不想被認定是違法終止租約，法律上究竟有何辦法可讓房東或房客合法終止租約？

　　基本上，房屋出租後，房東就是將房屋完整的使用權利交由房客來使用，因此，房客承租後就是享有完整的房屋使用及居住的權利，這個房屋也就成爲房客住居權保護的範圍，因此，房東若沒有正當事由（例如有可能有發生火災或其他緊急事由），在並未得到房客同意之下，是不能擅自開門進入屋內查看，否則就可能涉犯《刑法》第 306 條規範的非法侵入住居罪。

» 房東擅入租屋，恐違法？

　　續接上述案例，房東太太未經過婷婷同意，私自開門進入屋內，已然涉犯《刑法》無故侵入住居罪，婷婷可在知悉後 6 個月內，向檢警單位提出告訴。

　　換言之，**房東擅自進入婷婷房間屋內，會構成《刑法》無故侵入住居罪。此外，婷婷更換自己房間門鎖，則不會構成強制或妨害自由罪。**

　　因爲房客承租房屋後，是取得房屋「完整」的居住及使用權利，而房客要如何維護其居住的安全，本來就屬於其房屋使用權之衍生權利，因此，婷婷基於自身安全考量，可以自行將門所更換，並不需要得到屋主同意。何況房客承租房屋後，這就屬於房客專有居住空間，房東本就無權擅自進入，因此，房東太太也不能因此主張自己人身自由受到妨礙，此部分並不會構成妨害自由罪。

　　但若房屋有分公共進出大門及個人進出房門，因爲公共大門仍是要供包含屋主及其他住戶進出使用，此部分並非承租人單獨專用，房客便不能

擅自更換公共大門門鎖，否則仍可能被告妨害自由罪，這部分要特別注意。

但若婷婷更換門鎖，原本的鎖頭及鑰匙，要如何處理？

房客為了保障安全，避免前任房客留有鑰匙，或是房東亂入家中，本來就可能會選擇換鎖，只要雙方簽約時沒有特別簽訂「不得換鎖」的規定，房客是可以換鎖的，而房東也沒有權利拒絕房客換鎖。

依據《民法》421 條規定，房東與房客簽訂租賃契約，就代表房東將房子的「使用用益權」完全交予房客，除非租約另有約定，否則房東即沒有權利擅自進入屋內，更換門鎖也是房客權益，但建議房東與房客還是可以事先溝通，更換之門鎖讓房客保存，待日後退租，因房客通常還是會有恢復租屋處原狀的責任，若發生房東要求喚回舊鎖頭，房客方還可以換回來，以免爭議。

» 就算不付租金，房東也不能隨意斷水斷電？

依照《刑法》第 304 條第 1 項強制罪規定， 以強暴、脅迫使人行無義務之事或妨害人行使權利者，處 3 年以下有期徒刑、拘役或 300 元以下罰金。」過往曾經發生許多租約糾紛，包括租約到期或未付租金遭房東終止租約，但房客不願意搬離，房東就以斷水斷電方式，迫使房客就範搬遷。結果，房客反而提出強制罪刑事告訴，而部分案例中，房東也確實遭到檢方以強制罪起訴。

也就是說，**婷婷遲付租金 2 個月，房東解約後斷水斷電，可能構成強制罪**。

　　雖然之後法院審理時，有部分見解認爲，斷水斷電並非強暴脅迫，所以並不能構成強制罪，但畢竟法律見解還是涉及個別案件情形，以及法官認事用法的職權決定，爲了避免自身受到刑事追訴判刑風險，還是不建議使用斷水斷電來作爲逼迫房客搬遷的手段。

》單方「合法」終止租約的理由

　　有關租約期間，除了出租人及承租人雙方合意終止租約外，若一方有意提前終止租約，法律上亦有規定可以據以主張提前終止租約的法定事由條款。此部分可參考，《租賃專法》第 10 條第 11 條，以及《租賃專法》規定應適用「住宅租賃定型化契約應記載及不得記載事項」，其中應記載事項的第 17 條及第 18 條，各別規定如下。

　　1. 房東終止租約事由：

　　根據《租賃專法》第 10 條「出租人得提前終止租約事由」規定：「租賃期間發生下列情形之一者，出租人得提前終止租賃契約，且承租人不得要求任何賠償：承租人毀損租賃住宅或附屬設備，不爲修繕或相當之賠償。二、承租人遲付租金或費用，達 2 個月之租額，經定相當期限催告仍拒繳。三、承租人未經出租人書面同意，將租賃住宅轉租於他人。四、出租人爲重新建築而必要收回。五、其他依法律規定得提前終止租賃契約。」

　　出租人依前項規定，提前終止租賃契約者，應依下列規定期限，檢附相關事證，以書面通知承租人：「一、依前項第 1 款至第 3 款及第 5 款規定終止者，於終止前 30 日。二、依前項第四款規定終止者，於終止前 3

個月。」

此外，參照「租約應記載事項」第 17 條規定，「出租人」得提前終止租約事由亦有規定：租賃期間有下列情形之一者，出租人得提前終止租約，且承租人不得要求任何賠償：

（1）出租人為重新建築而必要收回。

（2）承租人遲付租金之總額達 2 個月之租金額，經出租人定相當期限催告，仍不為支付。

（3）承租人積欠管理費或其他應負擔之費用達 2 個月之租金額，經出租人定相當期限催告，仍不為支付。

（4）承租人擅自變更居住用途，經出租人阻止仍繼續為之。

（5）承租人，違法使用房屋、存放有爆炸性或易燃性物品，經出租人阻止仍繼續為之。

（6）承租人違反租約約定，擅自將租賃住宅轉租或轉讓租賃權予他人。

（7）承租人毀損租賃住宅或附屬設備，經出租人定相當期限催告修繕仍不為 修繕或相當之賠償。

（8）承租人違反租約約定，未經出租人同意，擅自進行室內裝修，經出租人阻止仍繼續為之。

（9）承租人違反租約約定，未依相關法令規定進行室內裝修，經出租人阻止仍繼續為之。

（10）承租人違反租約約定，進行室內裝修，損害原有建築結構之安全。

2. 租客終止租約事由：

根據《租賃專法》第 11 條「承租人得提前終止租約事由」規定：「租

賃期間發生下列情形之一者，承租人得提前終止租賃契約，且出租人不得要求任何賠償：一、因疾病、意外產生有長期療養之需要。二、租賃住宅未合於居住使用，並有修繕之必要，經承租人定相當期限催告，而不於期限內修繕。三、因不可歸責於承租人之事由，致租賃住宅之一部滅失，且其存餘部分難以繼續居住。四、因第三人就租賃住宅主張其權利，致承租人不能爲約定之居住使用。」

換言之，承租人死亡，繼承人得主張終止租賃契約。此外，承租人依第一項各款或其繼承人依前項提前終止租賃契約者，應於終止前 30 日，檢附相關事證，以書面通知出租人。

而根據「租約應記載事項」第 18 條 「承租人」得提前終止租約事由規定：

（1）租賃期間有下列情形之一，致難以繼續居住者，承租人得提前終止租約，出租人不得要求任何賠償：

（2）租賃住宅未合於所約定居住使用，並有修繕之必要，經承租人定相當期 限催告，仍不於期限內修繕。

（3）租賃住宅因不可歸責承租人之事由致一部滅失，且其存餘部分不能達租賃之目的。

（4）租賃住宅有危及承租人或其同居人之安全或健康之瑕疵；承租人於簽約 時已明知該瑕疵或拋棄終止租約權利者，亦同。

（5）承租人因疾病、意外產生有長期療養之需要。

（6）因第三人就租賃住宅主張其權利，致承租人不能爲約定之居住使用。

2.6

《租賃專法》—
二房東、包租代管業者的保命符

　　房東太太長期出租不動產，累積許多出租房屋的管理經驗，於是想將這些實戰經驗作為商業模式來營運獲利，於是成立「房東太太」公司，並向市場上眾多有意出租房屋的屋主們，接洽承接房屋來代為出租管理的業務，也就是市場上一般所稱「職業二房東」或「包租代管」。

　　也因此，房東太太聽聞有所謂「《租賃專法》」作為管理的法規，成立的新公司有哪些需要注意的事項？身為屋主、二房東及房客，規範的法規當中，又有甚麼特別之處需要留意？

　　內政部曾有統計估算，台灣目前約有 300 萬名租屋族，於是立法通過「租賃住宅市場發展及管理條例」（即一般稱之「《租賃專法》」），這是我國首部住宅《租賃專法》，將許多原已有的不同法規作統合及補充。更重要的是，此法將市場上存在已久的「二房東」或「包租代管」業者納入規範管理，藉以達到健全租賃市場、保障租屋者權利，以及發展租賃住宅服務業的目的（參考《租賃專法》第 1 條之立法目的）。

　　《租賃專法》將「租賃住宅服務業」區分為「租賃住宅代管業（簡稱代管業）」及「租賃住宅包租業」（簡稱包租業）」。「代管業」係指受出租人之委託，經營租賃住宅管理業務之公司，是由專業經營者接受房東委託管理出租房屋，協助房東處理租賃大小事，提供租賃住宅管理服務，如租屋點交、收租與押金管理、日常修繕維護及糾紛協調處理等。

　　而「包租業」則係指承租租賃住宅並轉租，及經營該租賃住宅管理業務之公司，也就是由專業經營者先向房東承租房屋，再轉租並管理，擔任專業二房東的角色。希望透過多面向政策及規定，鼓勵房東們將房屋交給專業租賃住宅服務業來管理，減少租屋市場上的糾紛，並且提高房東們釋出房屋的意願，藉以健全整個租屋市場的發展。

» 細說《租賃專法》的重點內容

　　而針對《租賃專法》主要重點內容，說明如下：

　　1. 所有租約關係均視為消費關係，全面適用《消費者保護法》及相關定型化契約條款之規範。

　　過往只有一方是企業經營者的消費關係下的租賃契約，才可透過《消費者保護法》規定，適用「房屋租賃定型化契約應記載及不得記載事項」（現已更名為「住宅租賃定型化契約應記載及不得記載事項」）。但在《租賃專法》頒定施行後，目前已在第 5 條第 1 項規定，將所有租賃契約視為具消費關係，必須全面適用《消費者保護法》以及相關的定型化契約規範（包含「住宅租賃定型化契約應記載及不得記載事項」規定），對於住宅租賃法律關係的變革，此舉可說是非常巨大的一個新里程碑。

2. 發展租賃住宅服務業，引導善用專業服務。

　　在以往租賃市場上，個人出租方通常因為欠缺足夠的專業、時間及精力來管理出租事宜，進而造成管理上「心有怠、力不足」；而承租人方面，也會擔心租賃標的物無人可以即時把關維護，造成租屋品質不佳。此次，《租賃專法》的另一大重點就是，鼓勵房東們將房屋交給專業人士進行管理，減少租屋市場上的糾紛和提高房東們釋出房屋的意願，健全整個租屋市場的發展。

3. 個人房東委託專業經營，享有租稅減免措施。

　　政府透過「減稅」當作主要誘因，鼓勵房東將房屋交給包管業者進行專業管理，因此，針對「委託代管業代管」或「出租給包租業轉租」1 年以上的個人房東，享有包括：「租金所得稅減徵」、「地價稅及房屋稅減徵」等租稅減免優惠。法則規定，每屋每月最高可享有 6,000 元租金的所得稅免稅額，即月租金收入 6,000 元以下，即可免徵所得稅，而 6,000 元～2 萬元間，所得稅的必要費用更可扣除 53%。

　　例如以實收 2 萬元月租金為例，在申報所得稅時的租金收入僅 6,580

元（〔20,000-6000)〕×〔1-53%〕）。而 2 萬元以上者，則可扣除 43%；縣市政府對於應課徵的地價稅、房屋稅，也得予以適當減徵。

4. 申請許可從事住宅服務業之制度。

專法規定服務業者應以公司型態方式經營，須經許可並繳存營業保證金、僱用租賃住宅管理人員、加入所在地同業公會及領得登記證後始可執業。若有意加入租賃住宅服務業，亦可透過以下流程，取得從業之權利：

（1）向公司登記主管機關預查申請預查「租賃住宅代管業」、「租賃住宅包租業」代管業、包租業營業項目

（2）向直轄市、縣（市）主管機關申請許可。

（3）辦理公司登記。

（4）繳存營業保證金。

（5）公司設置專任租賃住宅管理人員（至少一人）。

（6）加入同業公會。

（7）領取登記證。

（8）開始執行租賃住宅服務。

5. 建立管理人員專業證照制度。

若想成為包租代管從業人員，則必須先取得「租賃住宅管理人員執照」，取得方式是參加公會舉辦檢驗考試，待錄取後取得訓練資格，經過測驗並通過合格後，便可向公會登錄及領取正式證書。之後便可以此受雇於相關公司從事租賃住宅管理的業務（包含租賃契約與法規、屋況與設備點交、收租與押金管理、日常修繕維護、糾紛協調處理等），但需要注意的是，證書效期僅有 4 年，待 4 年期滿前，則必須要再次參加並通過訓練

檢測，方可換發、更新有效之執照。

6. 提供多元免費租賃糾紛調處管道。

若在租屋過程中發生糾紛，雙方不想直接對簿公堂，則可向地方政府調處委員會申請調處，且無須聲請費用，由公正第三人為雙方主持公道，解決紛爭。

另外，也可透過租賃住宅服務商業同業公會全國聯合會（簡稱全國聯合會）調處。新法規定，各直轄市、縣（市）政府不動產糾紛委員會調處住宅租賃爭議糾紛，免收調處費用；並可聘任具租賃糾紛調處經驗的專業人士，擔任不動產糾紛調處委員，有效協助民眾解決租屋糾紛，讓民眾遭受租屋糾紛時，有方便、公正、專業的協助管道。

7. 損害代償機制：營業保證金。

業者有繳納「營業保證金」，若租賃住宅服務業在經營代管業務或包租業務過程中，因可歸責於該業之事由，不能履行其應盡之業務責任，或該業僱用之租賃住宅管理人員及其他相關人員因故意或過失侵害租賃住宅服務當事人之權益而須負賠償責任時，也可透過向「租賃住宅服務商業同業公會全國聯合會」（簡稱全國聯合會）請求代償，其賠償金額以業者自行繳存營業保證金及提供擔保總額度內為限，如有不足，則可再循民事強制執行方式，向當事人持續求償。

8. 刊登租賃住宅廣告須真實、透明化，廣告不實者須開罰。

在公版契約「不得記載事項」中特別提到：「不得記載廣告僅供參考。」。在媒體上刊登之租賃住宅廣告內容，若與實際事實不符者，違者可處 10,000 元以上、50,000 元以下之罰鍰，限期未改正者，可得按次處罰。

9. 輔導成立房東／房客非營利團體，提供專業諮詢服務。

政府將輔導成立房東／房客協會，提供民眾諮詢專業經營知識或糾紛處理技巧。

10. 過渡期、緩衝期。

為避免因本條例之公布、施行，衝擊現行已經營包租代管業務之業者，以及已從事租賃住宅管理業務之人員，影響其所服務當事人之權益，本條例分別給予業者及從業人員，得於本條例公布施行之日起 2 年內繼續營業及執行業務，但該 2 年期間屆至仍違反本條例規定者，將以非法業者或僱用未具備租賃住宅管理人員資格者，從重論處。

11. 租金協商回歸，契約自由原則。

以往，《土地法》第 97 條曾有規範：「城市地方房屋之租金，以不超過土地及其建築物申報總價年息 10% 為限。」而在《租賃專法》上路後，租金則不再受到此法限制，得由雙方自行約定即可。

12. 承租人得提前終止租約情形，包括：（1）疾病意外有長期療養需要；（2）住宅未合於居住使用；（3）住宅存餘部分難以繼續居住；（4）第三人主張權利致不能居住；（5）承租人死亡。

13. 出租人得提前終止租約情形，包括（1）承租人毀損不修繕或賠償；（2）遲付租金或費用達 2 個月租額；（3）未經同意轉租他人；（4）出租人收回重新建築。

14. 修繕：保持合宜居住使用；說明出租人修繕項目範圍。要求房東於簽約前，應說明租賃期間本身負責修繕之項目及範圍，並應保持租賃住宅合於居住使用，如未於適當期限內修繕，房客得自行修繕並向出租人請

求償還費用或從租金扣除。

15. 轉租：轉租應經出租人書面同意；向次承租人出示文件。

16. 遺留物處理：租賃雙方共同完成點交；遺留物限期催告不取回者，則視為拋棄且得由押金扣除處理費用。

17. 押金：押金不得逾 2 個月租金；契約消滅應返還押金／剩餘押金。專法明定，房東收取之**押金不得超過 2 個月租金總額**，此外並規定房東於租賃關係消滅後，且承租人已返還租賃房屋時，便應退還押金。

相信大家過去在求學及工作階段時，皆曾有過租屋的經驗，而租屋結果的好與壞，則跟房東息息相關，頗有「好房東帶你上天堂，壞房東讓你住套房」的感概。在《租賃專法》施行後，期待未來有更多專業租賃代管公司，協助租賃市場健全化，減少租賃糾紛，並且全面提升及改善租屋環境。

投資篇 I
法拍屋

3.1

法拍屋的定義、拍賣流程

　　小林想要購買不動產，但目前市場上價格都偏高，聽聞別人建議說或許可以購買法拍屋，看看有無機會用比較便宜實惠的價格，在法拍屋市場中買房？

　　但小林根本不懂法拍物市場的運作，更不明白所謂「法拍屋」概念到底是什麼？一般法拍屋的競拍流程又是什麼？

　　簡單來說，所謂「法拍屋」就是債權人透過法院強制執行程序公開競標方式，將不動產（房／地）拍賣換得價金，拍定的人則取得不動產（房／地）之權利（一般多是指所有權）。

　　由此可知，在法拍屋中主要會牽涉的法律主體分別是：「法院（執行處）」、「債權人」、「債務人」、「拍定人」；另外也會牽涉到不動產目前的「占有人」，並由上面這些主體來建構整個法拍流程，以及可能衍生的法律問題。至於不動產拍賣流程，整體說明如下：

　　1.債務人有積欠債權人債務，債權人對債務人之不動產，向法院聲請強執行程序及繳交執行費用（執行費用計算為聲請主張債權金額的）。

　　2.法院審核相關債權證明文件（法律上稱「執行名義」，例如：抵押權、本票裁定、確定判決、和解筆錄等），待確認聲請的執行債權及標的合法，即會准許開啟強制執行程序。

　　3.執行法院會針對不動產進行「查封」程序，除了會發文地政機關進行查封登記外，通常也會發文通知雙方至現場，並進行現場履勘及查封程序（一般會在不動產特定位置張貼查封之公文），主要目的是在確保不動產的權利及使用狀態，在接下來拍賣程序完成前，都不會受到更動改變。

　　由於不動產價值較高，拍賣的價格會同時影響到債權人及債務人，甚至是拍定人的權利，因此，法院會委有在法院有造冊名單的不動產估價單位，針對房地進行鑑價程序1，並作成鑑價報告書；此外，包括債權人及債務人也可針對不動產鑑價的結果，表達意見。

　　待執行法院依照鑑價結果繼續執行，就會擇定一個合理的拍賣底價，並於事先公告後，進行第一次拍賣（俗稱「一拍」），開放一般人可以進

行投標，並由高於底價之最高價者取得不動產之權利，也就是一般所稱的「拍定」。

若第一次拍賣無法拍定（俗稱的「流標」），就會按照拍賣底價減價20%（也就是打八折），待事先公告一段時間後，再進行第二次拍賣（俗稱「二拍」）。依照相同的標準，若二拍依舊無法拍定，法院便會再減價20%（再打一次八折），進行第三次拍賣（俗稱「三拍」）。

通常若第三拍後又流標，法院就會進行「應買公告」，應買公告是依法公告3個月，任何人只要以第三拍原底價，以書狀最快送達法院表示應買，就可以得標，而沒有價高者得的比價程序。

在執行應買公告程序的3個月內，債權人隨時可以聲請「特別減價拍賣」（俗稱的「第四拍」、「特拍」），會以第三拍的底價再打八折，進行特拍，若經過以上程序都無法順利拍定，且債權人亦未承受者，則視為撤回強制執行，法院會塗銷不動產的查封登記，執行程序終結。另外，若債權人沒有在應買時間提出減價拍賣，執行程序亦視為撤回，執行程序亦終結。

當然，若不動產在上面任一個拍賣程序中，若有順利拍定賣出，法院則會沒收保證金，並要求買受人在期限內（7日內）到法院付清尾款，待確認尾款付清後，法院就會核發不動產權利移轉證書，拍定的人便可持權利移轉證書去繳納契稅，之後再至地政單位取得權狀及產權登記，接著便能向法院聲請點交不動產，並配合法院完成點交程序後，即可取得法拍屋不動產（房/地）的完整權利。

» 凶宅、海砂屋瑕疵公告、注意事項

因為凶宅、海砂屋等情形，對於買賣標的物的價值影響直接而巨大，在法拍程序中，依照《強制執行法》第 81 條明定，拍賣不動產需由執行法院先期公告，且就不動產狀況，應載明不動產之所在地、種類、實際狀況、佔有使用情形、調查所得之海砂屋、輻射屋、地震受創、嚴重漏水、火災受損、「建物內有非自然死亡」（即指「凶宅」）或其他足以影響交易之特殊情事及其應記明之事項。

所以，若拍賣的標的物是屬於凶宅，依照法律規定也必須明確公告揭示，此部分不論對於「不想買凶宅」（影響交易價格及貸款）或是「就是想買凶宅」（因為有價差空間）的人，都是必須要詳細審閱相關拍賣公告文件，且保險起見，也同時至相關官方或民間凶宅查詢網站進行二次查核確認，藉以完整瞭解標的物情況，維護自身投標購買權利（有關凶宅、海砂屋與買賣瑕疵擔保請求權問題，可參考本書第一章所示）。

---

1. 鑑價的範圍包含地段、屋齡、使用分區、鄰近生活機能，有時候也會將是否為凶宅、海砂屋、輻射屋等不利房價因素納入考量。

3.2

法拍公告：
拍賣後點交 VS. 拍賣後「不」點交

　　承上例，小林上網搜尋相關法拍屋公告後，從屬意地段、坪數、價格均做過細細比較後，終於看上了一個屋齡 10 年的法拍屋。不過在觀看拍賣資訊公告時，小林發現拍賣標的物上竟註明「拍賣後不點交」……。

　　他不理解這是什麼意思，究竟拍賣公告記載「拍賣後點交」或「拍賣後不點交」的差異是甚麼？

　　兩者在拍賣流程上，有無需要注意的地方及差異性？

» 何謂「拍賣後點交」、「拍賣後不點交」

依照一般程序，在拍賣取得房屋權利後，可向執行法院聲請點交房屋，這就是一般所謂的「拍賣後點交」。

然而在拍賣實務上，仍有許多法拍的案件是註記為「拍賣後不點交」一類的，而此類房屋通常屬於，不動產目前尚有其他事實或法律上的原因尚未被排除（通常就是有其他占用人的情況），並且也無法以拍賣程序來除去，進而造成拍定後無法依照一般程序來進行「點交」，此時就必須由拍定人自行來與佔用人協商，或是透過其他訴訟法律程序來解決……。

這部分就是購買次類法拍屋最大的風險，投標時一定要特別留意相關不動產拍賣的說明與註記，待充分瞭解並分析利弊得失後，再行決定是否要投標，方才不致蒙受包含時間、勞力、金錢、費用等非預期的損失。

»「拍賣後點交」、「拍賣後不點交」的差異

在購買法拍屋時，務必要詳細審閱拍賣物件相關內容公告，尤其是該標的物究竟是屬於「拍賣後點交」或「拍賣後不點交」？畢竟二者可說是天差地遠，前者基本上可透過向法院聲請點交方式，藉由國家公權力介入來取得；但後者基本上卻是拍定人要自行處理房屋使用權問題，現場可能還有其他占有人或權利人居住，例如可能是存有「租約」、「使用借貸」、「土地房屋分別拍賣」、「房屋部分拍賣或部分點交」、「不動產尚有其他持份權利人」、「無權占有人」等狀況。只是一旦屬於公告拍賣不點交

的類型，拍定人就必須透過法律或其他協商程序來取回房屋佔有使用權。

　　不過在法拍投資市場上，聲請點交房屋雖然比較容易也順利取得法拍屋使用權，但在價格的增值空間上，「拍定後不點交」因市場投標、觀望人數較多，若拍定後順利取回佔有使用權利，價差空間相對會較大。但由

點交法拍屋 VS. 不點交法拍屋

	點交
主要判斷標準	拍賣公告註記，拍定後點交。
取得法拍標的物佔有使用權的方法	取得權利移轉證書及辦理過戶登記後，即可向法院聲請進行點交程序。
取回法拍標的物的流程	法院會安排點交期日，拍定人配合法院程序完成點交。
無法點交的情形	除非點交流程中有第三人提出合法異議，否則原則上會依照法院執行程序完成點交。
取得法拍標的物佔有使用權的所需時間	聲請點交後，法院安排點交程序，通常數月或至半年間。
優點	有法院公權力介入，取得法拍房屋權利較容易且有保障。
缺點	價格與市價通常較接近，價差空間較小。

資料來源、製表：作者

於可能需透過訴訟或協商等流程來解決，取回得時間則較難以估算，針對相關法拍及司法流程缺乏經驗者，筆者建議仍須多方審慎思考，或是交由律師或專業法律團隊處理，方屬上策。以下針對點交或不點交法拍屋的差異，整理下表供大家比對：

不點交
拍賣公告註記，拍定後不點交。
取得權利移轉證書後，待實際瞭解房屋遭占用之情形後，再以訴訟或協商方式取得。
無法向法院聲請點交程序，由拍定人自行訴訟或協商處理。
例如：標的務上有「租約」、「使用借貸」、「土地房屋分別拍賣」、「房屋部分拍賣或部分點交」、「不動產尚有其他持份權利人」、「無權占有人」等。
需透過訴訟或協商程序，無一定期限，若透過訴訟可能在 1 ～ 3 年間。
因必須自行取回拍定物佔有使用，競標者較少，若未來取回價差空間較大。
必須透過訴訟或協商自行取回標的物，所需時間及費用成本較難以估算。

3.3

「聲請點交」的流程、注意事項

　　幾經考慮後，小林礙於使用權的問題，最終選擇了一個「拍定後點交」的中古屋，並且成功投標拍定取得房屋。

　　只不過，小林並不清楚所謂的「點交程序」，若要聲請拍定點交，小林需要格外留心注意哪些相關法律流程？

» 何謂「拍定後點交」

　　法院拍賣公告註記「拍定後點交」，是指拍定人繳交尾款，並取得權利移轉證書辦妥過戶登記後，得向法院聲請點交。但必須強調的是，法院並不會「主動」協助完成點交程序，這仍須由拍定人先以書狀向法院聲請點交後，法院才會依照聲請，被動協助安排相關點交程序，以下提供聲請點交的參考範例書狀，供讀者參考使用。

　　至於實際點交流程進行的方式，是法院收到拍定人點交聲請後（第一次點交聲請），便會先向現實際占用人核發公函命令，並命其於相當期日內（通常為 15 日）完成自動搬遷，若期限屆至仍未搬遷者，拍定人則會向法院陳報此情況，並再次聲請點交（第二次點交聲請），法院收到聲請後，則會排定一定期日道顯場進行履勘，主要在於確認現實占有人、待返還標的物的實際狀況、人員及設備財物的佔有情形等。

　　通常在履勘時，法院執行事務官也會勸諭占有人盡速搬遷，拍定人也可於此時間向占有人表達請求搬遷的訴求（例如從法律面、情理面上，適時給予一定金額的金錢補償）。

　　若經過現場履勘後，確認占有人仍無搬遷之意願，則可再次向法院聲請強制點交（第三次點交聲請），此時法院就會安排強制搬遷點交的期日時間，且為了確保點交程序順暢，務必在事前聯繫好所在地點派所員警、鎖匠到場（同時須備妥相關開鎖費用）。

　　另外若現場有待清運的家具、待拆除的隔間、電器或設備、廢棄物垃圾，也務必聯繫好搬家公司、拆除公司、廢棄物清運公司及倉儲空間，讓

點交程序更有效率地進行完成。

茲將三次點交聲請流程及注意事項整理如下表格，供讀者參考使用：

三次點交聲請流程、注意事項

聲請點交流程	程序注意說明
第一次向法院聲請點交	取得權利移轉證書並辦理產權移轉登記後，向法院為第一次點交聲請，法院收文後便會發文給占用人（通常是債務人或與債務人有關之占用人），命其於相當期日內（通常為 15 日）完成自行搬遷。
第二次向法院聲請點交	法院命自行搬遷期限屆止仍未履行，拍定人可以向法院第二次聲請點交，法院會排定現場履勘時間，至現場一方面確認標的物佔有使用狀況（包含人及財物），另一方面法院執行事務官或拍定人，也可在現場於占用人勸諭搬遷，拍定人也可以自行與占用人自行協商達成搬遷協議（若有成立，建議作成書面紀錄）。
第三次向法院聲請點交	若經過現場履勘後，確認占有人仍無搬遷意願，則可向法院聲請第三次點交，法院會依照聲請排定至現場強制搬遷程序，拍定人應事先聯繫好包含員警、鎖匠、搬家公司、廢棄物清理公司、倉儲空間（視前次履勘情形有無需要來進行安排，），於當日到場及待命，並配合法院司法事務官指揮，有效率地來完成點交作業程序。

資料來源、製表：作者

» 法拍履勘流程

法拍拍定後，拍定人需於拍定 7 日內繳清尾款，在繳清尾款後，法院便會在一定期間內核發不動產移轉證書，拍定人便可持不動產移轉證書至

地政事務所辦理所有權移轉登記，並向法院聲請點交程序（第一次點交），這時法院便會發出函文，並命占有人限期將房屋自行搬遷，履行返還點交義務。

但若占用人不願意履行，拍定人則可陳報法院，並再次聲請點交，法院便會安排至現場履勘，此時現場履勘的過程，也是為了之後點交程序順利完成的重要環節，有許多需要特別注意的事項，首先，現場履勘時，因為不同的地點，會有交通位置上需要注意，尤其一般法院都會函文告知要聯繫當地派出所員警到場，以避免雙方有衝突情形發生，這部分務必要事先電話與派出所聯繫溝通完備，另外因為員警出勤是需要支付出勤費，這部分也應該事先詢問清楚人數及費用，在當日時親自交付予員警。

另外，拍定的房屋若有需要開鎖的情形，法院也會一併函文通知要聯繫好鎖匠，可以事先聯繫鄰近交通便利的鎖店到場，當然鎖匠到場及開鎖的費用如何計算，也應該事先詢問清楚，當日可以一併支付。而不論是員警出勤或鎖匠到場，相關費用的支出，都可以請求開立收據，這些費用都屬於執行費用的一部分，最後是可以向占用人來追索賠償的。

此外，拍定的房屋，於現場履勘時，法院通常也可能再次進入屋內確認佔用情況，並對於房屋的情況再做確認，拍定人到現場配合履勘時，務必要攜帶可以拍攝的設備，目前科技手機拍攝的功能應該都是足夠的，並在告知並取得司法事務官的同意下，可以將房屋內外的情況，進行拍攝存證，不過有一點必須要特別留意，拍攝時請盡量避免拍攝到他人臉部，尤其是占用人或債務人，避免他方日後藉此主張侵害其肖像權，衍生不必要的爭議。

　　另外，在第二次點交即第一次履勘時，法院及拍定人，也應一併注意占用人的組成及情況，例如是否是家庭、特殊團體或是有高齡或是殘病之人，並特別留意是否是有暴力或攻擊傾向的人，以及有無飼養危險的動物。此外，為了日後搬遷順利，現場堆置的家具及財務、廢棄物，都要做初步的拍攝及清點，並特別留意有無危險物品或惡臭廢棄物，才能事先評估需要多少人力、時間及費用來完成的搬遷清理。

　　一般在履勘時，法院也會勸諭協調債務人或占有人返還點交，但如果沒有辦法達成協商共識，便需要進行第三次點交的聲請，也就是強制搬遷的點交執行程序，法院會以公文通知並排定到場強制執行的日期，而前述的員警及鎖匠的聯繫，也是需要再次做好準備。

　　若當日，占用人不在現場或拒絕開門，執行法院司法事務官可以命鎖將開鎖或焊斷鎖鍊，並將房屋點交予拍定人，而若是占有人在場，執行法院司法事務官則會當場命其自行將貴重物品搬離及遷出，如果仍持續拒絕配合，即會通知拍定人可以由委請的工人開始搬遷財物，占用人如果拒絕配合遷出，則會由員警配合進行強制其遷出的程序，相關流程員警的側錄器均會有蒐證及記錄，拍定人也可自行錄音錄影蒐證，如果占用人持續抗拒，司法事務官也可以妨害執行公務的名義命員警逮捕，端看執行事務官如何指揮辦理。

　　至於若占有人有財物需要保管（例如傢俱、電器），司法事務官會依《強制執行法》第 100 條規定，將現場遺留物做造冊分類，並且由拍定人暫時保管，拍定人可以將其將物品運至保管地點暫時存放，並將保管處所載明筆錄，以待日後占用人來取回。或是也可以當場詢問，相關物品是否

可以廢棄物處理，還是要先行保管，日後再返還或另行拍賣處理，相關內容均可在執行筆錄中予以載明，甚至請求法院以正式函文確認通知，以避免爭議。

法律上，仍是建議透過向法院聲請點交程序，在公權力的協助下來強制執行，避免不必要爭議，而且也是最能保障拍定人自身權益的方式。至於相關法律規定一併參酌。例如《強制執行法》第 59 條「不動產內之動產執行與保管」規定：「房屋內或土地上之動產，除應與不動產同時強制執行外，應取去點交債務人或其代理人、家屬或受僱人。無前項之人接受點交時，應將動產暫付保管，向債務人爲限期領取之通知，債務人逾限不領取時，得拍賣之而提存其價金，或爲其他適當之處置。前二項規定，則於前條之第三人適用之。」

» 點交或取回不動產，理應注意的風險

拍定後取得不動產，一般區分爲「拍定後點交」及「拍定後不點交」，此部分可參閱前述章節說明，前者可以配合法院程序來聲請點交取回房屋，以如前述。後者則可能必須透過訴訟或協商方式來完成（此部分可參閱本章第四節說明），不過不論在哪一種情形，都有可能會到現場察看或與占有人接觸的情形，此部分其實也隱藏了諸多法律風險，甚至有可能會讓自己誤觸刑事犯罪責任，務必要有所警戒及瞭解準備。

在拍定後點交的情形，因爲法院拍賣之條件同時包含將不動產「點交」給拍定人，而所謂點交就是將不動產標的物的「占有使用」的權利，移交

給取得權利之人，這個部分可以向執行法院聲請協助，也就是撰寫好「聲請狀」，並將聲請遞交給法院請求協助點交，然後配合執行法院及司法事務官所安排的期日，並依照執行法法院函文指示，並準備好相關所需文件及設備（例如拍照所需要的設備），並於當日聯繫好所需人員（例如所在地員警、鎖匠、搬家或清運公司等），於執行點交當日，原則上就可以如期完成點交及返還程序（此部分可以一併參考第二章、第三章的說明）。

　　不過，在點交部分，牽涉到查封程序中，依照《強制執行法》第77條規定，是需要做成「查封筆錄」，其中會需要記載：「一、為查封原因之權利。二、不動產之所在地、種類、實際狀況、使用情形、現場調查所得之海砂屋、輻射屋、地震受創、嚴重漏水、火災受損、建物內有非自然死亡或其他足以影響交易之特殊情事及其應記明之事項。三、債權人及債務人。四、查封方法及其實施之年、月、日、時。五、查封之不動產有保管人者，其保管人。查封人員及保管人應於前項筆錄簽名，如有依第四十八條第二項規定之人員到場者，亦應簽名。」

　　而在之後進行點交及執行過程中，司法事務官及書記官通常也會製作「執行筆錄」，將當日執行的過程及重點逐一記載，有時候也會涉及到一些重要的法律問題及關係，因此對於取得拍賣標的物的權利人或是債務人、占有人，相關內容都有相當的重要性，最好要經過審慎思考後再加以陳述，或是藉由專業的人士來協助完成，會較為允當。

　　另外，針對拍定人要取回不動產權利來說，如果房屋內部尚有他人居住使用（此部分可能是租賃、借用或其他原因），牽涉到個人居住及隱私等權利，若自身沒有足夠經驗或專業協助，又沒有合法公權力進入的依據，

只因為自己已經拍定取得權利，就貿然的進入房屋，甚至未經法定程序就將門鎖、窗戶、屋頂、牆桓破壞，或是更換門鎖，甚至是將其內的財物做遷出或另為廢棄或他用，就可能會牽涉到包含《刑法》第 306 條「無故侵入住居罪」、第 354 條「毀損罪」、第 304 條「強制罪」。

另外，也可能遭到民事侵權行為損害賠償的責任，不可不慎。至於相關法律規定一併參酌《刑法》第 306 條「無故侵入住居罪」規定：無故侵入他人住宅、建築物或附連圍繞之土地或船艦者，處一年以下有期徒刑、拘役或 9 千元以下罰金。無故隱匿其內，或受退去之要求而仍留滯者，亦同。

再者，《刑法》第 354 條「毀損罪」規定：毀棄、損壞前二條以外之他人之物或致令不堪用，足以生損害於公眾或他人者，處 2 年以下有期徒刑、拘役或 15,000 元以下罰金。

而《刑法》第第 304 條「強制罪」規定：以強暴、脅迫使人行無義務之事或妨害人行使權利者，處 3 年以下有期徒刑、拘役或 9 千元以下罰金。

前項之未遂犯罰之。

最後則是《民法》第 184 條「侵權行為損害賠償」規定：因故意或過失，不法侵害他人之權利者，負損害賠償責任。故意以背於善良風俗之方法，加損害於他人者亦同。違反保護他人之法律，致生損害於他人者，負賠償責任。但能證明其行為無過失者，不在此限。

3.4

取回「拍定後不點交」房產的
流程、注意事項

承上述，小林在法拍市場成功獲利後，想要趁勝追擊再「撿便宜」，試著再拚出一個較高的市場價差，幾經思考後終選擇了一個「拍定後不點交」的中古屋，並且成功投標拍定，取得房屋……。

不過因為法院並不會協助點交房屋，目前房屋內有第三人居住使用中，小林應該透過什麼程序，才有機會順利取回房屋？

又有哪些注意事項要留心？

»「拍定後不點交」，取回房屋得靠自己

　　法拍取得房屋的權利後，若是拍賣公告是「拍定後點交」的類型，基本上若債務人或占有人不願意配合搬遷點交，可以書面聲請狀向法院聲請協助來完成點交程序，一般較無爭議，此部分可以參考第二章、第三章及六章的說明。

　　但若是拍定後不點交的類型，則是法院不會協助進行點交執行程序，若是拍賣的不動產房地有遭人占用的情形，拍定人必須自行處理將房屋佔有取回的程序，此部分，通常是因為法院在最初拍賣查封時，做房地現況調查時，就有發現不動產尚存在有他人占用的情形，然後因為占有就形式上觀察，又看似有一定的法律基礎，例如可能有租賃契約、使用借貸契約或其他法律證明文件，而執行法院指示進行執行程序，原則上無權也無法對不動產占用於法律上是否確實屬實正當，因此便會認定法拍標的無法進行點交，因此便會公告「拍定後不點交」，而法院只會於拍定完成後，發予買受人權利移轉證書，不會協助排除房屋的占有或點交返還。

　　不過就如同筆者先前所描述，拍賣不點交的標的物，通常較有機會以低於市場行情的方式取得，所以在法拍市場上投標購買者仍屬多數，重點在於若能透過正式或非正式的合法流程，將不動產取回點交，房屋價值自然水漲船高。

» 取回「拍定後不點交」房產的途徑、注意事項

對於拍定後不點交的類型，可以取回的方式，基本上有正式及非正式兩種，基本上，「非正式」就是指透過自行與占有人「協商」的方式取回房屋，因為占有房產的人百百種，雖然訴求不見得相同，但最終通常都可透過金錢或時間來折衷衡量，例如有人是因為房子使用多年，一時之間找不到其他住處，需要更多時間來尋覓合適的新居地點，這時或許可與占用人共同協商出一個緩衝期，讓對方有更多時間準備及搬遷。

又或者是有些占用人可能不甘心就這樣空手搬出，所以可能會提出例如搬遷費、補償費等名目，要求你給予一定的金錢補償，通常會建議若數額不大且尚算合理，拍定人也可接受協議，雙方透過談妥支付一筆金額的方式來解決歧異。

但不論是哪一種，若雙方確定達成協商的條件，最好能夠將相關權利、義務條件白紙黑字記載清楚，並簽署正式的協議書或契約，而且最好能夠請專業人士例如律師詳閱合約文件內容，確保未來協商條件能夠有效履行、實現。

至於「正式」的途徑，基本上就是指依照法律程序提出請求及訴訟，一般的流程是，若對方不願搬遷，可先寄發「存證信函」或委請律師寄發「律師函」，通知催告對方務必在限期內進行搬遷返還，但若通知後，對方仍不願意配合，就可以撰寫「起訴狀」向法院提起民事起訴程序。

畢竟你已是拍定後房屋的所有權人，基本上就可依照《民法》第767條「所有物返還請求權」規定，以訴之聲明請求法院判決，命令對方將房

屋占有交付返還予所有權人。

　　另外，若是對方持續占用不返還，針對占用期間，你還可以依照《民法》第 179 條「不當得利返還請求權」或第 184 條「侵權行為損害賠償」規定，請求對方給付相當於租金的不當得利或損害賠償。

　　另外，對於法律上無權利占用他人不動產的行為，也可能會構成《刑法》第 320 條第 2 項「竊佔罪」或第 335 條「侵占罪」，若認為自身權益受到損害，也可向檢警偵查機關，提出竊佔、侵占罪之刑事告訴，以維護自身權益。

　　而介於「非正式協商」與「正式訴訟」之間，也可以將請求他方返還房屋及賠償的訴求，向不動產所在鄉鎮市調解委員會或法院調解委員會，提出調解聲請 **1**，透過調解委員的公正第三方介入協調，有些時候也有機會順利讓雙方取得共識，並將遭佔用的不動產點交返還取回，這亦不失為另一個解決爭議的選項。

　　至於相關法律規定，可一併參酌以下法規。例如《民法》第 767 條「所有物返還請求權」規定：所有人對於無權佔有或侵奪其所有物者，得請求返還之。對於妨害其所有權者，得請求除去之。有妨害其所有權之虞者，得請求防止之。

　　而前項規定，於所有權以外之物權，準用之。

　　《民法》第 179 條「不當得利返還請求權」規定：無法律上之原因而受利益，致他人受損害者，應返還其利益。雖有法律上之原因，而其後已不存在者，亦同。

　　《民法》第 184 條「侵權行為損害賠償」規定：因故意或過失，不法

侵害他人之權利者，負損害賠償責任。故意以背於善良風俗之方法，加損害於他人者亦同。違反保護他人之法律，致生損害於他人者，負賠償責任。但能證明其行為無過失者，不在此限。

最後則是《刑法》第 320 條「竊占罪」規定：意圖為自己或第三人不法之所有，而竊取他人之動產者，為竊盜罪，處 5 年以下有期徒刑、拘役或 50 萬元以下罰金。意圖為自己或第三人不法之利益，而竊佔他人之不動產者，依前項之規定處斷。前二項之未遂犯罰之。

以及《刑法》第 335 條條「侵占罪」規定：意圖為自己或第三人不法之所有，而侵占自己持有他人之物者，處 5 年以下有期徒刑、拘役或科或併科 3 萬元以下罰金。前項之未遂犯罰之。

3.5

市場上的另類選擇
不動產持分拍賣 VS. 共有物分割

　　芳芳一直在尋找投資土地的機會，但是因為土地總價通常較高，所以總是無法完夢……。

　　後來，她在偶然間聽到市場上有一種投資方式，就是透過拍賣來取的不動產土地的「共有持分」後，再透過法院拍賣程序來將持份「變現」換現金，但芳芳並不理解具體操作方式及概念，究竟「不動產持分拍賣」與「持份變價」，兩者的法律概念是甚麼？

　　具體執行的模式為何？

» 不動產共有物所有權（持份）拍賣

在一般不動產所有權中，「一物一權利人」是基本型態，但在現實法律社會中，相對於前述單獨一人所有的情形，也就是法律上所稱的「共有」，則是指「數人同時共同享有一物之所有權，即物之所有權主體有二人以上而言」。

就法律面來說，共有的類型區分為「分別共有」（數人按其應有部分，對於一物有所有權者，例如社區共有、數人共同買賣等）與「公同共有」（依法律規定、習慣或法律行為所成立之公同關係，而共有財產者，例如繼承人對於所繼承之遺產），二者在法律概念各有不同，並且分別規定在《民法》第 817 條及《民法》第 827 條中。

不論是房屋、土地或是房地一起，法院拍賣不動產通常是提供完整的所有權，也就是拍定的人可以擁有完整、毋庸與他人分享的權利。但有時候因為拍賣原因及權利來源不盡相同，因此法院拍賣的不動產所有權，有時仍會以共有、持分權利的狀態來進行，也就是所謂「不動產共有物所有權（持份）拍賣」。

理論上，不動產（土地或房屋）共有物拍賣取得，所購入的共有物所有權，可能有「分別共有」或「公同共有」，不過實際上因為公同共有原則上較無法單獨為交易買賣移轉，因此在法拍市場上，仍然係以拍賣不動產（房屋／土地／或房地）「分別共有」的「持份所有權利」為主要類型。

因為在拍賣公告上，就會明確揭示所拍賣的標的物究竟是不動產完整的所有權，還是僅是共有持份權利（公告也會揭示持份佔全部所有權的比

例）。由於持分比例越大，對於不動產往後處分及安排的影響力也越大，但也會因此增加投標成本多寡，因此在投標此類型標的物時，對於持分比例及其他共有的情形，請務必要有完整的瞭解，或是直接尋求專業人士或法拍團隊的意見，再行決定是否投標此類型不動產的案件。

» 聲請法院變價拍賣流程

法院拍賣不動產，不論是房屋、土地或是房地一起，一般的情況，通常是完整的所有權，也就是拍定的人會自己擁有完整、毋庸與他人分享的權利，但有些時候，因為拍賣的原因以及權利來源不盡相同，因此有些時候，法院拍賣的不動產所有權，會是以共有、持分的權利狀態來進行，此部分如前所述。

但也因為是共有的關係，必須要與他人共享所有權，但若拍定取得不動產共有的權利後，因為台灣法律制度下，對於不動產及共有關係，基本上仍希望能回歸到完整單一所有權狀態，避免權利組成過於複雜，不利於不動產的使用及經濟發展，因此在法律制度上，便有將共有不動產予以分割的途徑，其中即包含可以將所共有的不動產，全部加以拍賣變價的選項，拍定人此時便有機會，終結共有關係，將不動產全數買回，或是按照自身共有持分比例來分配取得價金。

因此，若真的拍定取得不動產持分權利後，因為持分本身無法完整享有法拍標地的價值（包含使用價值及交易價值），所以更多的情況是買受人取得持分後，透過司法或司法外程序，將整體不動產予以變價出售，再

將出售的價金依照持分比例分配來獲利，這就是一般俗稱的「共有不動產的變價分割程序」。

而所謂變價分割，其真正的意涵是，將原本散落的持分整合為單一標的並拍賣後，在個別分割（分配）予各所有權人，此部分也是拍定取得此類標的物最主要獲利的途徑與目的。而不動產變價分割則有區分為「協議分割」與「裁判分割」，前者是透過共有人間協議達成共識後，將標的物自行覓得適當買家，並予以出售後分配價金，但實務上因為共有人數通常眾多，意見紛歧難以統合，因此更常使用的方式是共有人透過向法院起訴聲請「裁判分割共有物」，並向法院訴請「變價分割（分配）」方式，取得法院准予「變價分割共有物的確定判決」後，再持該判決書及確定證明書，向執行法院聲請依照判決變價拍賣共有物，再透過拍賣程序順利將整體不動產售出後，即可依照持份比例取得價金、獲利結案。

另外，此舉同時也能解決長期共有關係複雜所衍生的，有關不動產難以交易使用的問題。

筆者在先前曾經提到，共有不動產分割的請求權，主要依據即來自《民法》第 823 條第 1 項前段規定：「各共有人得隨時請求分割共有物。」而所提到可以將共有不動產全數予以變價拍賣，則是依照《民法》第 824 條規定，共有物分割途徑，有協議分割及裁判分割，當協議不成時，拍定人即共有人可以透過起訴狀向法院訴請「裁判分割」

至於在裁判分割的方式中就有規定：「原物分配顯有困難時，得變賣共有物，以價金分配於各共有人」，也就是可將共有物全部予以包裹拍賣，再將變賣的價金按共有比例，依序分配給每位共有人。

　　由此可知，即便法拍是不動產共有持分，若未來若有機會透過共有物分割拍賣的方式來將不動產房地「化零爲整」，再透過法院拍賣流程，將不動產價值最大化，這個作法對拍定人來說，亦不失爲可考慮投標投資的不動產類型。只不過，未來能否順利變價分割拍賣，則因必須透過法院訴訟程序才行，所以建議大家仍需預作準備及評估成本，也建議大家要多多諮詢律師或專業人士的建議，才能作出最佳選擇與判斷。

　　而按照《民法》第 817 條「分別共有」規定，數人按其應有部分，對於一物有所有權者爲共有人。各共有人之應有部分不明者，推定其爲均等。

　　《民法》第 827 條「公同共有」更規定，依法律規定、習慣或法律行爲，成一公同關係之數人，基於其公同關係，而共有一物者，爲公同共有人。

　　前項依法律行爲成立之公同關係，以有法律規定或習慣者爲限。各公同共有人之權利，及於公同共有物之全部。

　　最後是《民法》第 824 條「共有物分割」規定，共有物之分割，依共有人協議之方法行之。分割之方法不能協議決定，或於協議決定後因消滅時效完成經共有人拒絕履行者，法院得因任何共有人之請求，命爲下列之分配：以原物分配於各共有人。但各共有人均受原物之分配顯有困難者，得將原物分配於部分共有人。

　　原物分配顯有困難時，得變賣共有物，以價金分配於各共有人；或以原物之一部分分配於各共有人，他部分變賣，以價金分配於各共有人。若以原物爲分配時，如共有人中有未受分配，或不能按其應有部分受分配者，得以金錢補償之。以原物爲分配時，因共有人之利益或其他必要情形，得

就共有物之一部分仍維持共有。

　　共有人相同之數不動產，除法令另有規定外，共有人得請求合併分割。

　　共有人部分相同之相鄰數不動產，各個不動產均具應有部分之共有人，經各不動產應有部分過半數共有人之同意，得適用前項規定，請求合併分割。但法院認合併分割為不適當者，仍分別分割之。

　　變賣共有物時，除買受人為共有人外，共有人有依相同條件優先承買之權，有二人以上願優先承買者，以抽籤定之。

» 與「優先承買權」的競合關係

　　依照我們一般的認知，在不動產法拍程序中，都是由出價最高（且低於底標）者得標，進而成為拍定人。但在某些特殊情況下，則會因購買不動產法律權利組成或實際使用情形，而有法律上特別保障可截斷拍定人權利，「優先」於得標人來主張「購買」的權利，也就是法律所稱的「優先購買權」。

　　此部分主要是依照《土地法》第 34-1 條第 4 項、第 5 項之規定，土地與房屋，分別或公同共有人應有部分被法拍者，其他共有人是有機會主張優先購買的，所以共有人即時向法院聲請分割拍賣共有物獲得准許，自身仍然有機會基於共有人的身分，來進行標售或優先購買共有之不動產。

　　簡單來說，「優先承買權」又可稱為「優先承購權」，就是由法律規定優先於其他投標承買人，而先為買之權利，即便有人得標了，但只要「優先承買權人」跳出來說「要買」，那他們就可以擁有「特權」，即便不用

投標，也能直接買到法拍屋。

不過要特別說明的是，優先購買權的法源主張是指，在「同一條件下」才可以優先購買，若主張的人說，拍賣條件中出現一些無法接受或要求需用更低價格才能購買，這樣的優先購買權的主張都是不合法的，也不會發生有效優先購買權行使之效力。

至於法律上常見優先購買權，則分別有以下幾種類型：

《土地法》第 34-1 條第 4 項、第 5 項規定，土地與房屋，分別或公同共有人（關於此二者法律概念說明，請參閱本節說明）應有部分被法拍者，其他共有人均有優先承買權。

《土地法》第 104 條規定，土地被法拍者，典權人、承租人、地上權人都有優先承買權。房屋被法拍者，則土地所有權人有優先承買權。

《土地法》第 107 條規定，承租人租用土地耕種或建築房屋，土地被法拍者，可以優先承買出租人的土地。

《民法》第 426-2 條規定，租土地蓋房屋，土地所有權人土地被法拍者，承租人有優先承買權。承租人房屋被拍賣時，出租土地的所有權人有優先承買房屋的權利。

因此，為避免參與投標卻又於得標後遭到攔截「優先承購」，在標購法拍不動產前，建議可從「法拍公告」中事先瞭解，所法拍的不動產是否有「優先承買權」，之後再決定是否要投標或預作準備。

至於相關法律規定，一併參酌以下條款規定。

《土地法》第34-1 條第 4 項、第 5 項規定，共有人出賣其應有部分時，他共有人得以同一價格共同或單獨優先承購。

前四項規定，於公同共有準用之。

《土地法》第 104 條規定，基地出賣時，地上權人、典權人或承租人有依同樣條件優先購買之權。房屋出賣時，基地所有權人有依同樣條件優先購買之權。其順序以登記之先後定之。前項優先購買權人，於接到出賣通知後 10 日內不表示者，其優先權視為放棄。出賣人未通知優先購買權人而與第三人訂立買賣契約者，其契約不得對抗優先購買權人。

《土地法》第 107 條規定，出租人出賣或出典耕地時，承租人有依同樣條件優先承買或承典之權。

《民法》第 426-2 條規定，租用基地建築房屋，出租人出賣基地時，承租人有依同樣條件優先承買之權。承租人出賣房屋時，基地所有人有依同樣條件優先承買之權。

Chapter 4

投資篇 II
不動產土地分割

· 細說「不動產共有物分割」
· 何謂「協議分割」
· 何謂「裁判分割」

4.1

細說「不動產共有物分割」

　　小劉從長輩手中繼承了一塊土地，但細查了不動產所有權人後發現，這塊土地因為是家族遺留下來的祖產，經過幾代人的繼承後，目前共有人多達二十位，小劉所有權的持分僅有二十分之一……！

　　他曾經聽過這是屬於一種「共有」關係，而且還有不同的類型，小劉有甚麼方式，可以改變這種共有狀態？

　　台灣地狹人稠，土地需求日增，土地買賣移轉交易頻繁、地價飛漲，而土地常有共有形式之情況，造成土地之利用及交易受到阻礙。為解決土地長期共有之關係，《民法》上即設有共有物土地分割之規定，對於有意取得或已經持有類似共有土地之當事人，「不動產（尤其是土地）分割」無疑是必須學習的重要課題！

» 定義 VS. 與類型？如何判斷是共持還是分別共有？

　　共有關係物的所有權型態分兩種，一為單獨所有（一人享有一物之所有權），一為共有，共有即為「數人同時共同享有一物之所有權，即物之所有權主體有二人以上而言」。簡單來說，不動產基於一物一權，原本是一個財產一個所有權人，但法律上是允許，一個財產有多數所有權人，而這樣數人共有一財產的狀態，就是法律上的「共有關係」，而共有在法律上，又區分為「分別共有」、「公同共有」。

　　1. 分別共有：依據《民法》第 817 條，數人按其應有部分，對於一物有所有權者即為共有人。各共有人，除契約另有約定外，按其應有部分，對於共有物之全部，有使用收益之權。一般社區大樓、公寓大廈，住戶對於共設、公共區域、基地座落土地，都是分別共有的典型。所有住戶對於相關區域，都是依照持分比例抽象、概括的享有所有權利，除非有約定專用或類似專屬使用契約，原則上沒有任何住戶可以享有排除其他共有人即住戶來專屬占有使用的權利。

　　2. 公同共有：《民法》第 827 條規定，依法律規定、習慣或法律行為，

成一公同關係之數人，基於其公同關係，而共有一物者，爲公同共有人。
各公同共有人之權利，及於公同共有物之全部。例如祭祀公業、繼承、合
夥。其中又以繼承是最常見的型態，因爲繼承關係而生的共有關係，就是
公同共有的最典型情況。

　　在一般不動產的共有情形，大多會是分別共有，也就是各共有人會有一
個明確的所有權比例（通稱持分），例如本件中小劉的持分比例就是二十分
之一，但必須要特別說明的是，這樣的持分比例是一個抽象的概念，並不是
會有具體的存在某一個部分。也就是說，所有不動產中任何一個微小成分粒
子，共有人都會依照其持分比例享有權利，所以除非另外有特別的協議或契
約約定，不然共有人都不能單獨就某一個特定部分來佔有或使用。若要改變
這樣無法使用特定部分的狀態，就必須透過分割的方式，終結分別共有的
關係，或將自身的持分交易出售，也是直接脫離共有關係的方式。

　　一般繼承取得之不動產，原則上都會是公同共有之狀態，若要消滅
公同共有的關係，可透過共有物分割方式，變更爲分別共有，但須先辦理
繼承登記，取得處分權之後，方可爲如訴請裁判分割之處分行爲[1]。本件
小劉是繼承取得不動產，小劉會與其他繼承人公同共有遺產，但若要分割
取得特定比例之應有持分，仍須先就遺產之不動產辦理公同共有之繼承登
記，在與其他繼承人透過協議或裁判方式，消滅公同共有關係，進一步達
到分割遺產的結果（即各自取得分別共有應有部分之所有權持分登記）。

» 共有物分割的方式、途徑

　　小劉與家族的各共有人，經過溝通後，包含小劉有部分共有人，有意

將共有土地分割，但是對於「如何分割」這件事情上，還有許多疑慮，小劉有沒有可以請求分割的依據？在法律上分割有無什麼限制？有哪些不同請求分割方式途徑可以參考？

1. 共有人得隨時請求分割共有物：

《民法》第 823 條第 1 項前段規定：「各共有人得隨時請求分割共有物。」，也就是現行《民法》對共有物採分割自由原則，各共有人對共有物有分割請求權。目的在考慮共有關係較為負責，消滅物之共有狀態，有利於不動產使用及與增進經濟效益。

而此「請求分割」之權利性質，向來有「請求權說」與「形成權說」這兩種不同見解。分述如下：

（1）請求權說：認為共有人請求分割，具有要約其他共有人共同協議共有物之分割方法，以消滅共有關係之性質。共有關係並不會因此請求分割而消滅，不欲分割之其他共有人亦未因該意思表示而負擔應為同意分割之義務，故其性質應屬請求權。

（2）形成權說：此說認為共有物分割請求權之行使，在使他共有人負有與之協議分割方法之義務，於不能或不為協議時，得以訴訟請求定其分割方法。亦即因共有人一方之意思表示，即足使共有人間發生應依某一方法分割共有物之法律關係，故其性質為形成權。

至於實務見解通說，則是採取形成權說[2]。不過有關此權利之性質，在法學研究及訴訟屬性上雖有其意義，但對於一般人在主張請求或訴請裁判分割上，並不會有太大的差異影響，因為共有物分割請求權，依照法律

之規定就是可以隨時提出，而且也不會有超過《民法》第 125 條 15 年消滅時效的問題。

2. 共有物分割於法律上之限制：

共有物以自由分割為原則，禁止分割為例外。禁止分割即分割之限制，有三種類型：

契約訂有不分割之期限者：共有人訂有不分割之契約者，自應依其約定。惟其期限不得逾 5 年，逾 5 年者，縮短為 5 年（參考《民法》第 823 條）。因物之使用目的不能分割者：是指共有物繼續供他物之用而為其物之利用所不可缺（例如：界標、界牆、共有道路、區分所有建築物之共同使用如公共設施部分），或為一權利之行使所不可缺者而言。此類性質共有物因為必須維持共有關係，始能達其使用目的，一經分割，即失其效用，因此不許請求分割。法令設有限制分割之規定者：例如為防止土地細分，影響經濟效用，《土地法》第 31 條第 1 項規定：直轄市或縣（市）地政機關於其管轄區內之土地，得斟酌地方經濟情形，依其性質及使用之種類為最小面積單位之規定，並禁止其再分割。

3. 共有物之分割方式（途徑）：

參照《民法》規定，分割方式有兩種：《民法》所定共有物之分割方式有二，一為協議分割，一為裁判分割。

（1）協議分割：《民法》第 824 條第 1 項規定：「共有物之分割，依共有人協議之方法為之。」協議分割者，乃共有人於司法訴訟程序外，

依全體合意分割之方法，若全體對於分割方案有共識，此爲最節省勞力、時間、費用等成本之方式。

（2）裁判分割：《民法》第 824 條第 2 項規定：「分割之方法不能協議決定，或於協議決定後因消滅時效完成經共有人拒絕履行者，法院得因任何共有人之請求，命爲下列之分配：一、以原物分配於各共有人。但各共有人均受原物之分配顯有困難者，得將原物分配於部分共有人。二、原物分配顯有困難時，得變賣共有物，以價金分配於各共有人；或以原物之一部分分配於各共有人，他部分變賣，以價金分配於各共有人。」，也就是原則上共有物分割應先經過協議，若不能協議決定，任一共有人均得訴請法院裁判分割，一般稱之爲「分割共有物之訴」（此部分詳後述）。

另外，還有一種特殊類型，稱之爲「調處分割」方式，規定在《土地法》第 34 條之一第 6 項：「依法得分割共有土地或建築改良物，共有人不能自行協議分割者，任何共有人得聲請該管直轄市或縣市地政機關調處。不服調處者，應於接到調處結果通知後 15 天內向司法機關訴請處哩，逾期不起訴者，依原調處結果辦理之。」小劉及家族其他共有人，若想要對於共有土地進行分割，法律上主要區分爲兩種方法途徑，一是透過全體同意協議方式，達成分割協議，另一種則是向法院起訴請求分割共有物，前者主要是在訴訟外進行，後者則是透過法院訴訟判決達到分割結果。

---

1 參照最高法院 85 年台上字第 1837 號判例。
2 參照最高法院 29 年台上字第 1529 號判例。

4.2

何謂「協議分割」

承上述案例，小劉跟家族土地共有人，持續就共有物分割進行協議，各共有人基本上都願意配合，並且表示不希望家族間對簿公堂，建議應採取「協議分割」

形式來完成分割，也就是說，「協議分割」是大家比較希望採用的方向。

如此一來，協議分割的概念與注意事項是甚麼？

» 必須經過全體共有人同意

《民法》第 824 條第 1 項規定：「共有物之分割，依共有人協議之方法為之。」。協議分割，係基於共有人因意思表示合致，就共有物（如土地不動產）所為實行分割之方法，原則上依共有人協議之方法為之，此項協議雖理論上不以書面為必要，但為避免爭議，仍然建議就協議的內容為書面明確表示。何況，若涉及不動產協議分割，仍須至地政事務所辦理分割登記，地政事務所仍然會須要書面協議書，方會准許後續分割等方案登記。

另外，既然是稱「協議」，而不是「議決」，則其分割應經全體共有人之同意，始能有效成立，而無《土地法》第 34 條之 1 適用之餘地，也就是說，《土地法》第 34 條之 1 第 1 項所稱之處分，不包括分割行為在內，協議分割方案必須取得「全體共有人同意」方得為之，無法依照《土地法》第 34 條之 1「多數議決」方式來完成。

» 分割協議的效力

1. 對內效力：共有人達成分割之協議後，彼此間就存在一個「債權契約」，各共有人應受其拘束，原則上不得爭執該分割之效力，即使各共有人所分得之持分、利益未與其應有部分比例相同亦然，此為尊重共有人對於共有物之私法自治及處分決定。

若分割者為土地不動產，於協議後，依《土地法》第 72 條及第 73 條

規定，土地為分割時應由權利人會同義務人為變更登記，如果有其中一方拒絕為變更登記之情形，他方即得起訴請求履行協議，一般稱之為「履行分割協議之訴」。

簡單來說，共有物之協議分割通常分二階段，一為分割協議，二為分割協議之履行。前者係透過全體同意對各共有人取得債權之請求權，各共有人並得依照該請求權對他共有主張履行協議書之內容，他共有人若不依約履行，得向法院起訴請求其履行。

另外，因為分割協議後，共有人並未取得其所分得部分之單獨所有權，僅取得履行分割協議之請求權，如共有人有不按已成立之協議履行者，他共有人得訴請履行，而此種為「履行分割協議訴訟」，本質上屬於「給付之訴」，而非訴請裁判分割共有物（詳後述）之形成之訴，也就是屬契約上之請求權，故有《民法》第 125 條 15 年請求權消滅時效之適用，務必要特別注意。

2.對外效力：共有人間若達成分割之協議，不僅在共有人間發生效力，即使有共有人將其應有部分讓與第三人，於第三人於一定情形下，也會受其拘束，若是屬於不動產分割協議，須經過登記後方對於受讓第三人產生拘束力（《民法》第 826 條之 1），但若是動產情形，則於該受讓人知悉該分割協議或可得而知之情形，該分割協議方對該第三人產生拘束[1]。

3.分割協議之方法，依照當事人自由約定：

共有物依協議之方法分割時，協議分割之方法，法無限制，依私法自治原則，得由共有人自由約定之，只要不違反禁止分割之規定，均無不可。實務上，通常會依照《民法》第 824 條第 2 項所定之方式為分割，但不以

此為限。以原物分割、價金分配、原物分割與價金補償交互運用，或以抽籤之方式為分割均可。

　　小劉或家族共有人，若有共識想要以協議分割方式進行，則必須針對分割之範圍及方法，經過全體共有人同意之方式來完成，因為涉及不動產變更登記，仍應以書面協議書方式來做為共有人達成協議之證明，並以此向地政單位辦理相關產權登記事宜。

　　但若達成協議後，有一方不履行，小劉或其他共有人均可以向法院起訴請求對方依照協議書結果履行分割義務。

---

1. 參照大法官釋字第 349 號解釋。

4.3

何謂「裁判分割」

　　延伸上述案例，如果小劉跟家族土地共有人，雖持續就共有物分割進行溝通，但有一部分人，較為堅持自己的要求與條件，並且認為如果真的沒有辦法談成，上法院來讓法官判決，也就是「裁判分割」是可以接受的方向，

　　若真對簿公堂，裁判分割的基本概念與流程為何？

» 只需透過向法院起訴，請求主張

《民法》第 824 條第 2 項規定：「分割之方法不能協議決定，或於協議決定後因消滅時效完成經共有人拒絕履行者，『法院』得因任何共有人之請求，命爲下列之分配：一、以原物分配於各共有人。但各共有人均受原物之分配顯有困難者，得將原物分配於部分共有人。二、原物分配顯有困難時，得變賣共有物，以價金分配於各共有人；或以原物之一部分分配於各共有人，他部分變賣，以價金分配於各共有人。」

一般不動產如共有土地之分割，雖然依照前述，可依共有人之協議爲之，但必須經全體共有人同意，方可成立協議分割，於實務經驗上難度甚高，因此仍有許多案例情形是無法達成協議分割的，此時法律便規定，若共有人不能協議分割時，就可以依照《民法》第 824 條第 2 項規定，向「法院」起訴請求爲裁判分割（即「裁判分割之訴」）。

另外，除了無法達成分割協議之情形外，如果雖然之前已有協議分割，但因分割協議後超過 15 年時效致共有人拒絕履行時，司法實務判決認爲，因爲分割協議已經無從請求履行，協議分割之目的無法達成，此時仍應該認爲符合《民法》第 824 條第 2 項規定之情形，共有人還是可以再向法院起訴請求裁判分割。

» 裁判分割必須法定的方法

依照《民法》第 824 條規定，裁判分割方法有：

1.原物全部分配於共有人：原物分割之基本方法，即以原物分配於各共有人（《民法》824 條第 2 項第 1 款前段），此為最優先之分割方法。若共有物性質上可以分割，分割上沒有有困難，共有物價值也不會因為分割而減損，原則上會採用此種分割方法。

2.變價分割：共有物分割方法，需先就原物分配，於原物分配有困難時，則予變賣，以價金分配於各共有人。簡單來說，就是將共有物變賣，並將取得之價金分配各共有人，但依照《民法》第824條第2項第2款規定，須原物分配顯有困難時，始得採用此方法。

3.原物分配，兼金錢補償：《民法》第 824 條第 3 項規定「以原物為分配時，如共有人中有未受分配，或不能按其應有部分受分配者，得以金錢補償之。」。此種方法本質上還是原物分配，只是因為部分共有人未分配到原物或原物分配情形不夠，就該部分予以金錢補償，且該金錢補償性質並非變價分配。

4.原物分配兼變價分配：原物分配顯有困難時，得以原物之一部分分配於各共有人，他部分變賣，以價金分配於各共有人之分割方法（參考《民法》第 824 條第 2 項第 2 款後段），例如一塊土地 90 坪，甲、乙、丙三人共有，持分各 1／3，法院可以將其中 60 坪各分 20 坪給甲乙丙三人，剩下 30 坪則變價拍賣後分配價金給三人。

5.部分原物分配、部分維持共有：《民法》第 824 條第 4 項規定：「以原物為分配時，因共有人之利益或其他必要情形，得就共有物之一部分仍維持共有。」，法院於此種情形，得將部分原物分割，其他部分則維持共有關係，通常是客觀上有其必要性，例如該共有部分實際上是保留作為共

同通行道路使用。

6. 共有人全部或部分相同之數不動產之合併分割：《民法》第 824 條第 5 項及第 6 項分別明定，共有人相同及部分之數不動產，得爲合併分割。此種「合併分割」是擴大共有土地整合之方法，但須經共有人請求，法院方得按具體情形，審酌合併分割是否適當後再爲准駁之裁判。

小劉若訴請裁判分割，必須向法院提出聲請，並表明希望法院裁判採用法律規定中哪一種法定裁判分割方法，再交由法院審理判決定奪之。

» 裁判分割的訴訟流程

小劉因爲與其他共有人協商分割沒有共識，最終決定要向法院訴請裁判分割，但對於自己的持份比例可否提起裁判分割？要向哪個法院提起？還有起訴狀如何撰寫？以及實際上裁判分割訴訟流程會如何進行？都沒有具體的概念，究竟小劉應該有哪些基本的認識呢？

共有土地或不動產之分割，雖然可依共有人之協議爲之，但應經全體共有人同意方可成立，實務上確實有一定難度，若無法達成協議，就須撰寫起訴狀向法院聲請裁判分割，相關訴請裁判分割的重點，分述如下：

1. 如何提起分割訴訟？撰寫起訴狀？

民事案件之起訴須向有管轄之法院提起，一般均係以紙本，首頁上載明「民事起訴狀」，而一個訴訟最重要核心事項，包含「當事人」、「訴之聲明」、「訴訟標的」、「事實理由」，等都應該有相對應的記載。

（1）「當事人」即雙方兩造資料，故起訴狀上應記載，原告及被告之姓名（公司則記載包含公司完整名稱及類型）與地址，以利法院確認審理的兩造對象及相關書狀、開庭等文件通知送達。

（2）「訴之聲明」是指原告向法院請求判決之主要結論主張，也就是若判決判定原告勝訴，所要求法院揭示在「判決主文」之結果內容。

而若是起訴主張共有土地要原物分割，其訴之聲明會是：

（1）兩造共有坐落OO市／縣OO區／鎮（鄉）OO段第OOO地號（地目建、面積OO平方公尺）的土地，應分割由各共有人取得如附圖O及該圖附記中「使用地號」、「面積」欄所示部分。

（2）訴訟費用由被告負擔。

而若是起訴主張共有土地要變價分割，其訴之聲明會是：

（1）兩造共有坐落OO市／縣OO區／鎮（鄉）OO段第OOO地號（地目建、面積OO平方公尺）的土地，應予以變賣，所得價金由兩造按應有部分比例分配之。

（2）訴訟費用由兩造按應有部分比例負擔。

（3）「訴訟標的」就是指法律上起訴請求之法律依據為何，也就是要具體表明是依照《民法》第幾條第幾項（款）之什麼內容規定來作為起訴之權源，而在裁判分割共有物中，主要就是依照《民法》第824條第1項及第2項規定為訴訟標的。

（4）「事實理由」就是要具體逐項說明，起訴裁判分割符合相關法律規定之證據資料或客觀事實有哪些？法律上及事實上的理由為何？法院才能進一步審理判斷是否准許或駁回分割之請求。

「分割共有物」之訴訟流程

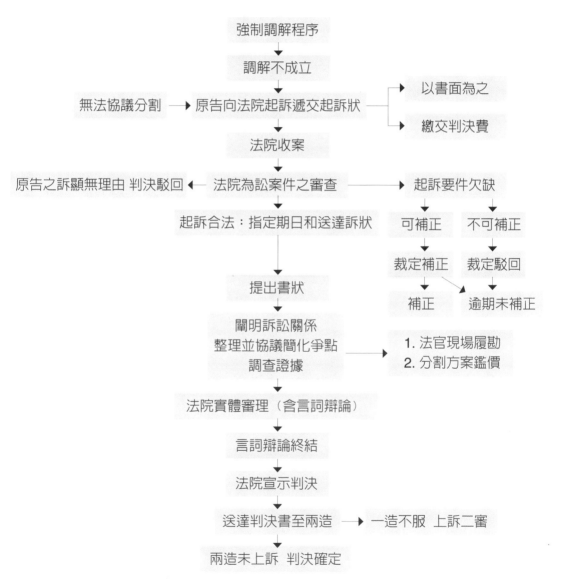

資料來源：參考民法、民事訴訟法有關分割共有物及裁判分割等法令內容製作。

2. 應向哪個管轄法院提起訴訟？

依照《民法》第 10 條規定，「因不動產之物權或其分割或經界涉訟者，專屬不動產所在地之法院管轄。其他因不動產涉訟者，得由不動產所在地之法院管轄。」，因為土地不動產定著不移動，不論是便利性或熟悉度等各方面，由該不動產所在地法院審理均最適當，因此法院明確規定，分割不動產之訴訟「專屬」所在地之法院管轄審理，既稱專屬，其他地方之法院就無管轄權，而不得介入審理，若原告向錯誤的地方法院起訴，該受理之法院也必須裁定移轉管轄回該不動產所在之法院審理，方屬適法。

3. 要有多少土地持份比例，才能興訟？

依照《民法》第 823 條第 1 項前段規定：「各共有人得隨時請求分割共有物。」，目的在最大可能消滅較為複雜之共有關係，盡量讓共有關係回歸到單獨所有，或透過更適當之分割或變價方式，俾利土地經濟及使用價值之最大化，因此法律並沒有限制向法院起訴裁判分割持分比例的限制，縱然只有 1% 的持分比例，仍然可以向法院訴請裁判分割，僅是法院在定分割方案時，會因為持分比例的大小，影響到自身主張意見被採納的程度。

有關裁判分割訴訟流程圖可參考前一頁「分割共有物訴訟流程」之圖表所示：小劉若協議分割無法順利達成，就可以自行或委任律師撰寫起訴狀，向法院提起裁判分割共有物訴訟，但必須向土地或不動產所在地之法院提起，起訴狀應該表明「當事人」、「訴之聲明」、「訴訟標的」、「事實理由」，並按照上開流程圖進行訴訟流程，最終來取得准予分割之判決。

Chapter 5

投資篇Ⅲ
不動產合建

- 「合建」的種類與優缺點
- 都市更新：活化都市機能，我有甚麼好處？
- 危老改建：老房子拆掉重蓋，怎麼辦？

5.1

「合建」的種類與優缺點

老黃年輕時打拚有成，幫自己買了一間透天住宅，但居住多年後因外觀已顯老舊，加上鄰近幾位老住戶建議，最近開始在思考是否要將房屋拆除後重建？

但住戶們因為都缺乏營造建築經驗，因此便有人提議，可與建設公司透過協議合建的方式來完成心願。

只不過在開始洽詢一些有意願承接工程的建設公司之後，大家便開始傷腦筋了……因為首先便是面臨與各家建設公司簽訂正式合建契約書的問題，但合建契約書涉及層面廣且多樣，加上老黃等各住戶們卻又不知道應該注意甚麼？總之，一般合建契約通常會有哪些條款？又有哪些部分必須特別留意，才能保障自身權益不致受損呢？

依照《都市更新條例》第 44 條第 1 項規定：「以協議合建方式實施都市更新事業，……得經更新單元範圍內私有土地總面積及私有合法建築物總樓地板面積均超過五分之四之同意，就達成合建協議部分，以協議合建方式實施之。……」由此可以，「合建」經常運用於「都更重建」中。

另外，依照《都市危險及老舊建築物加速重建條例》，建築物所有權人也可以「合建」方式，與建商合作進行「危老重建」。上述有關於「都更重建」及「危老重建」的內容，筆者將會在本章第二節、第三節中詳加說明。所謂「合建」，係指雙方當事人一方提供土地，一方提供資金、勞力及技術，合作興建建築物，再依約定之比例共用所得利潤。而依雙方所得利潤及合作形式之不同，可區分爲合建分屋、合建分成、合建分售三個層次：

» 合建分屋

建商提供資金，於地主提供之土地上興建房屋，各自以自己名義爲起造人申請建造執照，雙方於建築物興建完成後，按約定比例或樓層，分配房屋及應得之土地持分，並得個別出（預）售其所分得之房屋及土地，這就是合建分屋。此種合作模式的特色是，當房子蓋好後，建商與地主們各依約定比例分得各自房戶，之後再各自賣掉分回的房戶。例如某「合建分屋」大樓案蓋 200 戶，建商分回 80 戶，這就是所謂的「建商戶」；而地主按比例分回 120 戶，這就是一般俗稱的「地主戶」，雙方可以各自賣掉分回戶。而在不動產市場實務上，地主戶可自售，也可與建商戶一起委託代銷公司代爲銷售。

» 合建分成

合建分成是指建方提供資金，地主提供工地，合作興建房屋，雙方約定房屋興建完成後，地主的土地與建方所興建的房屋應由建方與地主共同具名或分別與購屋者簽訂契約，並按比例（即成數）併同出售。銷售總價中，地主所分配到的成數屬地主所用，是為「土地款」；建方所分配到的成數屬建方所有，是為「房屋款」。

總結來說，地主與建方雙方約定好，日後房地價金的分配比例，等房地賣掉後，建商、地主再依約拆款分帳。例如若約定價金的分配比例是建商4成，地主6成，那麼如果成交總額是2億元，之後建商便可分到8,500萬、地主們則分回1億2,000萬元。

至於管銷費用、營運成本或是委託代銷等相關費用，通常也可能會依照比例分攤。

» 合建分售

合建分售是指地主提供土地予建商合建房屋，以建商為起造人請領建造執照，地主與建商再依約定之銷售收益分配比例，各自出售其土地與房屋。也就是在房屋興建完成出售時，建商賣出「房子」，建商與買方簽訂房屋買賣契約，地主則賣出「土地」，地主則與買方簽訂該戶房子的土地持分，雙方除了和買方各自簽訂契約外，通常也會各自收取購屋款、土地款；合建分售通常由建商負責銷售，而管銷成本要如何分攤，就由雙方合

意約定。

　　合建契約法律性質，依照最高法院判決意旨：合建契約之性質爲何，應依各契約之約定定之。如建商就地主分配之房屋自始係以地主所有之意思而代建築，以完成地主應分配之房屋，並以其完成該建築工作所得報酬作向地主購買建商應分配房屋之基地之代價者，該合建契約性質上即屬承攬與買賣之混合契約，地主對其分配之建物，應原始取得人 [1]。而這就是認定合建契約爲「承攬與買賣之混合契約」。

　　另外，也有將合建契約定性爲「互易」契約者。總之，具體合建契約究竟屬於何種性質，於司法判決見解上，仍會依照契約文字內容及當事人意思之眞意，就契約條款綜合判斷其法律屬性。

》簽訂合建契約的注意事項

　　1.契約當事人主體：一份契約中通常包含「人、事、時、地、物」，在「事」的部分，通常契約會在一開頭便表明這是一份「合建契約」，而關於「人」部分，首要就是契約當事人應具體確定，包含個人姓名、年籍資料、地址，涉及公司則應有名稱、統一編號、地址。

　　另外，當事人必須對於土地具有所有權及處分權，若土地屬於公司、法人或團體，應該提出合法授權證明。另應一併確認土地上有無地上權、永佃權（農育權）、抵押權、典權、耕地三七五租約或租約等限制。

　　2.合建標的、範圍：契約中「地」的部分，合建所坐落的土地範圍，應該予以特定，通常土地都有地段、地號，若牽涉數筆土地，則應該將所

涉及土地區域、地段及地號明列，若知道具體的範圍，建議可將地籍圖說（包含鄰近土地關係及合建土地面積）方式檢附在合建契約後，避免雙方日後產生認知歧異。

3. 契約期限：有關契約「時」的部分，合建契約應約定具體的「完工期限」，若施作興建方未能於期限內完成，地主方可以定相當期限催告履行，若未遵期完成，地主方得解除契約及請求損害賠償，但若係因可歸責於地主之事由所造成，興建方得提出不可歸責之抗辯，並進一步否認地主方解約及求償的主張。

另外，合約期限中一些比較重要的期日，例如：開工的期限、完工期限、申請建築執照期限、點交房屋期限等，建議也可以在合約中予以約定清楚，對雙方權益較有保障。

4. 合建後建物之形式、產權及使用權歸屬：合建契約最終會完成「物」的部分，包含完工後建物層數、戶數、坪數、形式、用途、建築設備材料（例如鋼骨或鋼筋水泥土，建材磁磚品牌、隔間所用的建材，有無約定特殊環保、防火或耐震材質）、地下室的產權、使用權、用途（例如防空避難室或停車場）、共有區域使用（例如屋頂平台及法定空地的使用權，有無約定專用等）。

為避免爭議，若雙方已經有約定共識，在契約中予以載明，甚至有關建築物的設計圖、尺寸、材料也作成契約附件，可避免日後雙方認知歧見及爭議。

5. 地上物之拆除、騰空及原住戶遷移補償：合建有時會牽涉既有建物及住戶拆遷、租金補貼款等問題，合約應載明由哪一方來負責相關工作，

且若有拆遷費用、補償金等，應由哪一方負擔、分擔比例、支付方法等，都宜在合建契約中規定清楚，以免爭議。

另外，如果自己就是需要配合搬遷的一方，也務必要評估所約定搬遷期限，是否有辦法如期完成，否則可能反而會有自陷違約賠償的風險。

6. 房地等權利分配比例、選配原則： 合建契約中，一定要注意的就是分配房屋坪數的計算方式，例如各樓層房屋換算規則，車位如何分配，都應該要詳細瞭解，若有疑問，最好能向如律師、地政士等第三方專業人士諮詢，避免自身權益受損。

另外，除了房屋坪數的分配外，土地所有權持分分配比例也要特別注意，畢竟土地所有權是不動產最有價值部分，如何分配、分配是否合理？都應該在合約中就約定清楚，實務上就曾經有建設方將土地所有權持分保留一大部分給自己，嚴重損害原地主的權益，不可不慎。

7. 容積獎勵、容積移轉及相關費用負擔或分配： 合建案中可能牽涉法定容積、獎勵容積或容積移轉而增加容積，合建契約有無約定是否、如何爭取相關容積獎勵？有無依「都市計畫容積移轉實施辦法」申請容積移轉？預計申請的容積獎勵有多少？應由何人申請？容積獎勵如何分配？相關申請費用如何分擔？上述相關權利義務亦應於合建契約中載明。

8. 施工內容、規則： 有關建築結構、樓層、設計圖說，建議於簽約時已即作為合建契約附件，以明確規定合建契約雙方之權利義務，且包括開工及完工的時間點、應依法按圖施工、如有損鄰情況或工安意外事故等應如何處理，均應納入施工規則中，作為約束建商施工過程的規範，同時也便於釐清施工過程中產生各項爭議時的責任歸屬。

9. 變更設計處理：若於建造過程中，發生因政府法令、行政命令、行政審查等要求變更圖說等情事，以致於需要變更設計，應事先於合建契約中約定遇有此類不可抗力因素時，應如何處理及責任如何歸屬。

此外，若是簽約之一方，無論是建設方或是地主方，有單方提出變更設計之要求時，是否以及如何進行相關變更流程，所造成額外的費用及損失，應如何加以支付、賠償，亦應於合建契約中明定清楚。

10. 保證金、保固責任：建商通常會提供一筆保證金給地主，用以擔保其能依約完成建物之興建工程。保證金數額涉及未來一旦建商無法建築完成，造成地主的損失。例如地主可能原來有地上物，而地上物已拆除，地主即可從這筆保證金中扣除取償。

所以，如何訂定保證金的合理數額，對地主而言相當重要。若有提供保證金時，關於保證金數額、交付方式、保證金退還等事項皆應於契約中載明。交屋後，建商對地主所應負的保固範圍及保固期間，亦須約定清楚。

11. 驗收交屋流程：交屋所約定的內容，基本上都是按照契約的相關圖說及約定條件為基準，而關於交屋手續及流程也應在契約中載明，例如：點交、驗收的程序、是否預繳管理費、相關雜支費用等，都建議要有基本準則約定，以避免糾紛。

12.「海砂」、「輻射」等重大瑕疵約定：合建契約通常必須約定完成之建物並不存在有重大瑕疵，尤其是不能有「海砂屋」、「輻射屋」等瑕疵，否則若有海砂（氯離子含量過高）、輻射鋼筋或其他有損建築結構安全或有害人體安全健康等材料，若情節重大，一方得主張解除契約，並依照契約損害賠償及違約罰則規定處理。

13. 信託約定： 保障雙方權益及避免合建、重建過程中，土地產權發生變化，或是建設方資金不足無法完工，常會有用「信託登記方式」來確保不動產及資金充足情況。所以在簽立合建契約時，要注意有無信託約定，若有，則受託人為何？地主是否亦為委託人？信託契約內容如何約定？建議直接把信託契約作為合建契約之附件，雙方的權利義務會更清楚。

再者，信託契約內容，有無建築融資的配合？建築融資有無專款專用？有無履約保證機制？有無續建機制？這些對於地主權益保障，尤為重要，應特別注意。

14. 營業稅、土地增值稅等稅費的負擔： 合建行為涉及建商營業行為，故有營業稅及發票開立之問題；另外，土地合建分配時，也有土地增值稅之問題，因此合約應約定如何負擔。

此外，其他之稅費、規費、地價稅、測量費、工程受益費等各種名目費用，究竟如何分配，應一併約定清楚。

15. 用印配合或印章保管、使用： 合建過程中，許多申請手續均須地主用章，因此一般合建契約中會約定地主用印之義務，或載明由建商代替地主刻章並授權其使用。否則，若是未經同意、授權，擅自代刻、用印或簽章，就已可能涉及刑法偽造文書罪及民事侵權責任問題。

16. 違約、解約條款及違約金約定與性質： 合建契約中都設有諸多權利義務條款，但如果僅有規定，卻沒有約定違反的效果，反而會造成當事人有不履行的動機，因此應該有明確得違約效力或罰則，比如何種情況下構成重大違約，是否因此使得一方可以向他方請求損害賠償或主張解除契約，甚至適時可以有違約金條款的約定，透過相對應罰則的效果，敦促契

約當事人本於誠信來履行契約義務。

17. 金額找補：若是建商沒有依照約定的坪數蓋房子，就得依契約約定多退少補。需要特別注意契約上約定的找補金額的計算依據（例如依照哪個價格表作為依據？如何計算？找補有無上限？給付清償日期？），才能減少爭議。

18. 退場機制：地主與建商簽訂合建契約，要避免簽下萬年合約，例如合約上雖然有載明退場條件，但卻非常嚴苛又難以實現，他建議地主在簽署合建條約時，應設有適當的退場機制，使一方可以解除契約，避免時間金錢的浪費，同時也需審視，相關退場條件是否合理且易於執行。

19. 起造人提撥公共基金義務：依〈公寓大廈管理條例〉第 18 條第 1 項第 1 款規定，起造人就公寓大廈得使用執照 1 年內之管理維護事項，應按工程造價一定比例或金額提列公共基金，不過，雖然公共基金之提撥起造人之法定義務，但仍然建議於合建契約中明定由何人提撥，以杜爭議。

20. 表明都市更新的實施者，以及與相關實施者的權利、義務：在「都更重建」的案件中，「實施者」左右整個程序進行的核心角色，程序的進行都由實施者主導，所以由誰來擔任這個角色，相當重要。

依照《都市更新條例》第 3 條第 6 款對於實施者的定義，係指依本條例規定實施都市更新事業之政府機關（構）、專責法人或機構、都市更新會、都市更新事業機構，而都市更新事業機構以依「公司法」設立之「股份有限公司」為限，因此在與開發或建設單位簽立合建契約時，建議是在合約裡還是須載明將來的實施者是何人，較能保障自身權益。

» 有關「違約金條款」的法律問題

　　法律上所稱「違約金」，法律依據規定在《民法》第 250 條第 1 項規定：「當事人得約定債務人於債務不履行時，應支付違約金。」，也就是「違約金」是指當事人間所約定，在債務人違反契約所應履行之義務時，應支付賠償予對方之金額。由此可知，需要支付違約金的前提，一定是契約上債務人有違反契約應履行的義務，而且對於這樣違反義務的情形，當事人有特別約定需要支付違約金，才會有發生適用違約金條款的問題。

　　此外，違約金在《民法》第 250 條第 2 項規定，也將違約金區分為兩種類型，分別是「賠償額預定性違約金」以及「懲罰性違約金」。

1. 賠償額預定性違約金：

　　首先，針對「賠償額預定性違約金」，若依照條文規定其實是指：「違約金，除當事人另有訂定外，視為因不履行而生損害之賠償總額。其約定如債務人不於適當時期或不依適當方法履行債務時，即須支付違約金者，債權人除得請求履行債務外，違約金視為因不於適當時期或不依適當方法履行債務所生損害之賠償總額。」

　　上述條文內容讀起來確實相當艱澀，一般人肯定不容易理解。因此，筆者建議不妨參考最高法院判決的具體說明：「按當事人所約定之違約金，如屬損害賠償預定性質者，該違約金即係作為債務人於債務不履行時之損害賠償預定或推定之總額，其目的旨在填補債權人因其債權未依契約本旨實現所受之損害[2]。」

簡單來說，賠償額預定性違約金，就是指當事人特別約定的違約金，且這個違約金是直接推定作爲債務人債務不履行時所應負擔損害賠償額之總額。其最主要的效果是在於，原本依照法律規定，債務人債務不履行依照《民法》等相關規定也需要負擔債務不履行損害賠償，但若有了「賠償額預定性違約金」之約定，這樣的總額就會成爲賠償額之「上限」。

也就是說，當事人間若有此類違約金約定時，該「違約金數額」就會直接推定爲債務人於債務不履行時之「損害賠償總額」，債權人除得請求債務人履行原債務及支付違約金外，就「不能夠」再請求債務人給付其他因債務不履行而生之損害賠償 [3]。

2. 懲罰性違約金：

所謂懲罰性違約金，既然名爲「懲罰性」，其對於未履行義務之債務人之賠償責任自然系更爲加重，參考最高法院判決就懲罰性違約金之說明，提及其目的在於強制債務之履行，爲確保債權效力所定之強制罰，當於債務不履行時，債權人除得請求支付違約金「外」，並得請求履行債務，或不履行之損害賠償 [4]。

因此，若當事人有約定懲罰性違約金時，債權人除了仍然能夠依照《民法》或契約規來請求債務人負擔損害賠償責任外，仍然能夠「額外的」再另外就懲罰性違約金之數額要求債務人支付，此時債務人的賠償責任，就包含了：［債務不履行損害賠償責任］＋［懲罰性違約金］兩個部分，責任可說相當巨大。

總之，在簽訂相關懲罰性違約金條款時，若發現自己係屬於被加諸懲

罰性違約金條款之一方，強烈建議應該於雙方協談時，將其刪除修改，以避免企業承受巨大財務及賠償風險。

3. 賠償額預定性違約金 VS. 懲罰性違約金：

一般契約上對於違約金的規定，往往會用若某方未履行義務，應支付違約金若干，此時究竟如何判斷該違約金是上述哪一種類型呢，此部分參考《民法》第 250 條及司法判決案例，採取了一種相當簡易判斷的標準。此部分參考諸多判決之內容。

總結來說，只要契約沒有用到「懲罰性」或「懲罰」的文字來規定相關違約金時，原則上就不會被認定為是「懲罰性違約金」，而只能解釋為「賠償額預定性違約金」[5]。筆者建議不論是合建契約中的哪一方，在洽商簽訂相關違約條款時，仍要完整評估公司可能的機會與風險，甚至詢問過專業人士的意見後，再決定要採取何種違約金，以及違約金計算的方式，才能夠更完整保障自身權益。

---

1. 參見最高法院 85 年度台上字第 1871 號民事判決。
2. 參照最高法院 107 年度台上字第 1696 號判決。
3. 參照最高法院 106 年度台上字第 446 號判決。
4. 參照最高法院 102 年度台上字第 889 號判決。
5. 參照最高法院 105 年度台上字第 540 號判決。

5.2

都市更新
活化都市機能，我有甚麼好處？

　　承上例所描述，老黃目前居住的透天厝屋齡已老舊，住戶們聽聞其他朋友所在區域都在進行都更重建……，所以大家也想知道自己的房子是否符合都更的條件？

　　基本上，想要參與都市更新計畫必須經歷哪些流程？若依照現行相關法令規定，內容是甚麼？如何關注自身權益是否受損呢？

　　「都市更新」是近幾年相當熱門的議題，而所謂「都市更新」，其實是指針對都市內老舊房屋和社區進行重建或整修，藉以改善居住安全及都市環境。

　　然而，什麼樣的情況可以進行都更？

　　執行都更計畫時，更要注意哪些事情？

　　嚴格來說，「都市更新」是指依據《都市更新條例》所訂程序，在都市計畫內所劃定之更新單元中實施建物重建、整建、維護，都市更新（下稱都更）的法源為《都市更新條例》、《都市更新條例施行細則》（以下簡稱都更條例、都更條例細則）等，實際執行過程中也通常也會參考都市計畫、建築及土地等相關法規內容。

　　而依照《都市更新條例》第4條，都更區分為「重建」、「整建」（指建物的改建、修建）、「維護」（指建物的強化、保持）三種，以下內容則會針對重建為主，也就是指拆除更新單元內的原有建築物進行重建。

　　都更重建主要目的是，配合政府改善居住環境等政策來進行房屋重建。包括所在位置，例如是否位於都市計畫區域內、房屋的環境條件？房屋是否足夠老舊、有無電梯、是否位於狹小巷道等等，都必須符合政府訂定的標準，而自身建物是否有機會進行都更重建，基本上必需符合以下基本條件及資格。

　　1. 建物及屋齡須達一定年限：一般而言，除部分由地方主管機關公劃或策略性更新地區外，空地無法申請都市更新，而建物屋齡須達一定年限以上，須視各地方政府規定，一般而言屋齡多半落在30年以上。

　　2. 座落於都市計畫區域內：建物所在地必須位於都市計畫區域內。可

以至內政部營建署城鄉發分署國土規劃入口網／相關連結查詢 **1**，就可以知道房屋是否位於都市計畫區內。

3.座落於「都市更新單元」：建物必須座落於「都市更新單元」，如果不符合，就必須向各縣市政府申請自行劃定更新單元，以符合都更資格。

4.符合一定面積規模以上：須符合地方政府更新單元劃定標準，以台北市為例，原則上需 2,000 平方公尺以上，但如滿足其他特殊規定後可放寬至 500 平方公尺以上。

5.符合特定環境指標：部分地方政府設有環境指標，須達成部分指標後方可都更，指標多為確認建物具更新之需求、周邊環境公設不足等項目。

» 如何劃定更新單元範圍

都更重建必須確認「更新基地土地的範圍」，也就是一般稱的「更新單元」的範圍。依照《都市更新條例》第 3 條第 5 款規定，對於更新單元的定義，是指可單獨實施都市更新事業之範圍。參與都更重建，必須了解更新基地土地的範圍、面積，才會了解自己的土地所在之位置及所占比例何，這些都與未來都更權利變換之結果有關。

例如所占比例高者或法定容積率較高、位置較優者，對於整個更新計畫的影響力自然相對較大，當然在面對建設公司開發單位時，就有比較大的談判籌碼。因此了解更新基地土地範圍，是必備的重要基本概念。

根據《都市更新條例》第 3 條第 6 款規定，都更可分成公辦都更、民辦都更、自辦都更三種。

1.公辦都更：公辦都更是「政府」主導的都更模式實施者是中央或直轄市、縣（市）主管機關，資金來源多為政府機構，可以是政府主管機關自行實施或委託都市更新事業機構成為實施者來主導這起都更案。

通常會走「公辦都更」的基地，多是因為更新範圍內有大量低度利用的公有土地，或達一定規模或具有特殊原因者政府通常會透過公開評選程序，來委託都更事業機構協助執行，以確保都更計畫符合城市整體發展方向與公共利益，並有效監管執行過程。

2.民辦都更：民辦都更是由「建設或開發公司」主導的都更模式，實施者是擁有一定比例土地及合法建築物所有權的「建商」。與自辦都更的主要區別在於資金來源，民辦都更是由建設公司或開發公司提供資金，資金來源為建商本身，而地主則提供土地，就是一般常見的「合建」，重建後地主與重建廠商依照比例分回房地。

民辦都更是由「建設或開發公司」主導，民辦都更模式的成功與否，往往取決於建設公司的專業能力與實務經驗。

3.自辦都更：自辦都更是一種由「地主」自主發起的都更模式，實施者是擁有土地及合法建築物所有權的「一般民眾」所自行組織。由於是由地主自行出資，因此在重建過程中，具有較高的主導性。在自辦都更中，地主自行籌措資金或向銀行借貸，並成立都市更新會，在擁有的土地建物上進行都市更新。因為自辦都更是一種由地主自主發起的都更模式，由於是由地主自行出資，因此在重建過程中，具有較高的主導性，需遵循〈都市更新條例〉所規定的土地或合法建物所有權人同意比例。

以下將公辦及民辦都更流程，簡要說明如下圖所示：

都市作業更新流程

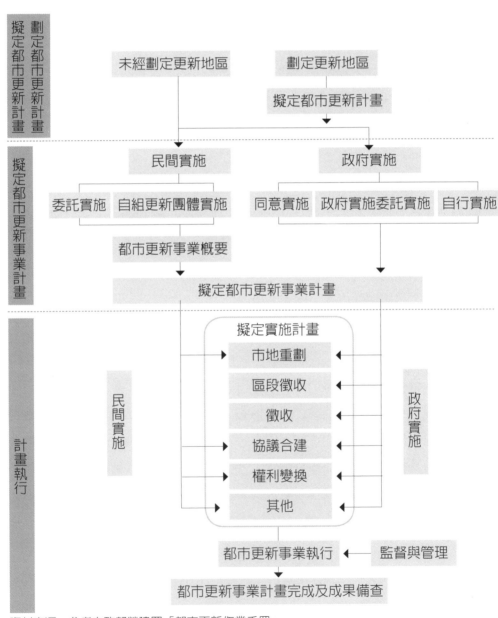

資料來源：參考內政部營建署「都市更新作業手冊」

»「自辦都更」的流程

目前實務上，自辦都更仍然是最多採行的方式，而自辦都更的流程涵蓋了從籌組成立到執行的四個階段，其中皆需經過主管機關的條件審核，且最重要的便是成立「更新會」。

而所稱「更新會」是指地主自辦都更，並且擔任重建主導實施者，也就是自己當重建單位，自行發包進行改建，以下將詳細說明都市更新會的申請流程及規定：

1. 申請核准籌組：在自組更新會的起始階段，需要土地及合法建築發起人物所有權人過半數或 7 人以上發起籌組，並向主管機關提交申請，請求核准籌組都市更新會。

2. 召開成立大會：取得核准籌組 6 個月內，發起人召開成立大會，並通知直轄市、縣（市）主管機關派員列席。就更新範圍、目標、方向等進行討論，並形成共識申請立案。

3. 取得立案證書：成立大會後 30 天內，都市更新會需檢附章程、會員與理監事名冊、圖記印模及成立大會紀錄等文件，報請主管機關核准立案，並核發立案證書。

4. 更新計畫執行：一旦取得立案證書，完成都市更新會成立。後續就能進行自辦都更的程序。而有關都市更新會的規定與條件，根據《都市更新條例》第 27 條之規定 **2**，訂定的章程必須載明符合以下的規範和條件，才能向當地直轄市、縣（市）主管機關申請成立都市更新會。

» 都更重建同意門檻及申請所需資料

　　都市更新必須於更新單位內一定比例地主與屋主權利同意始得進行，依照採取不同都更類型，法律有不同「同意比例」之要求，所有權人應達到一定的共識，才能送事業計畫及權變計畫，而所有權人同意比例依據不同區域也有所差異。以民辦都更來說，都市更新同意比例可以分為以下四種情形，不同情形也有各自需要滿足的同意比例（依照《都市更新條例》第 37 條規定），分別說明如下：

　　1.「迅行劃定」：通常為遭受重大災害或事變的地區，由政府迅行劃定更新地區，此區域只需土地及建物同意人數比例和同意面積比例都超過 1 ／ 2 即可，是 4 種情形中下門檻最低的一種。例如有崩塌危險的海砂屋，政府為加速推動都更，僅須達到所有權人數及面積皆 1 ／ 2 之同意比例。

　　2.「優先劃定」：與前者皆為政府進行劃定，縣市政府得依照基地建物狀況，優先劃定為更新地區，此類更新地區應達到所有權人數及面積皆 3 ／ 4 的同意比例。

　　3.「自行劃定」：不在政府劃定的都市更新區域內，由地主提出自劃更新單元，這種情形下土地及建物同意人數比例和同意面積比例都要超過 4 ／ 5，這也是實務上最常見的情形。簡單來說，此類是未經政府劃定為實施更新之地區，如果所有權人想要自行申請劃定更新單元，則需要獲得所有權人數及面積皆 4 ／ 5 的同意比例，也就是一般最常見的情況，即同意比例須達 80%。

　　4.人數免計：案件中的土地及建物同意面積比例已經超過 9 ／ 10，所

有權人數就可以免計。但私有土地及合法建築物所有權面積均超過 9 ／ 10
同意者，其免計所有權人數。

以下將民辦都更個別類型房地所有權人同意比例，整理如下：

民辦都更個別類型、房地所有權人同意比例

都更同意比例				
民辦都更劃定類型	同意人數比例		同意面積比例	
	土地	合法建物	土地	合法建物
迅行劃定區域	1 ／ 2		1 ／ 2	
優先劃定區域	3 ／ 4		3 ／ 4	
自行劃定（未經劃定一般區域）	4 ／ 5（80%）		4 ／ 5（80%）	
人數免計	-		>9 ／ 10	

資料來源：參照都市更新條例等相關法令內容製作

以自辦都更流程為例，當都更會組織完成籌組建立程序，需確認房屋
及所在地段是否位於都市更新地區或都市更新範圍，若不在都更範圍內，
則需要先申請劃定為更新單元，才能將房屋劃入都更範圍。

而都市更新的流程與所需時間，與前面提到的同意門檻息息相關，而
往往最耗費時間的地方，就是在地主前期整合階段。以最常見的自行劃定
民辦都更來說，在都更流程中，首要步驟就是要取得 8 成的地主同意，且
同意面積比例也要達 8 成，才可以擬訂「都市更新事業」申請報核。

在完成地主前期整合（此部分沒有固定期程，端看地主意願而定）後，
便可以開始執行以下的都更基本流程：

1.劃定更新單元及送審申請（約 8 個月）。

2.舉辦第一次公聽會、「都更事業概要」送審核定（約4～6個月）。

3.舉辦第二次公聽會及公開展演、「都更事業計畫」及「權利變換計畫」之都市更新審議核准（約12個月）。

4.在事業計畫核定後2年，或權利變換計畫核定後1年，實施者需於期限內申請建築執照，並於核准後開始拆遷與興建，於完工後完成分配及交屋（約3～5年）。

整體流程及期程，可參考右圖所示。

» 都更事業概要、都更事業計畫、權利變換計畫：

以民辦／自辦都更流程為例，當都更會組織完成籌組／建立程序，進行需確認房屋及所在地段是否位於都市更新地區或都市更新範圍；若不在都更範圍內，則需要先申請劃定為更新單元，才能將老屋劃入都更範圍，並經都市更新審議委員會審議、確認後可進入計畫下一階段，以下以台北市政府為例進行說明解析各階段的文件準備工作與操作流程：

1.都市更新事業概要：

申請人需規劃更新單元的範圍並擬定「都市更新事業概要」事業概要，並向所有權人介紹預期的發展，除此之外，必須獲得超過一半的更新單元範圍內私有土地及建築物所有權人的同意，並舉辦說明公聽會，向主管機關報送事業概要，推進更新計畫。

民間推動都市作業更新時程

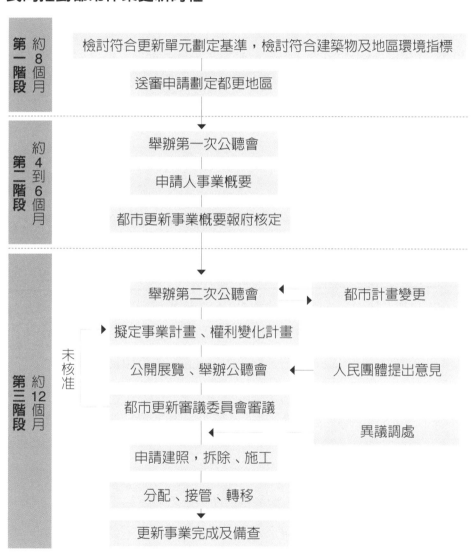

資料來源：參照都市更新條例等相關法令內容及內政部營建署「都市更新作業手冊」製作

2. 都市更新事業計畫：

在事業概要獲核准後，進入都更案的實質規劃細節，由實施者整合更新單元內所有權人參與都市更新的意願，依據《都市更新條例》第 37 條規定，取得 3 ／ 4 或更高的同意門檻，經過公告和公開展覽 30 天後，提請審議會審議通過，並交由市政府核定實施 **3**。

3. 權利變換計畫：

權利變換方式的重點是引進估價機制，由估價師估算各個屋主所持有的土地與建物的更新前價值，換算成比例，然後屋主再依此比例計算應支付的成本。但並不需要支付現金，而是以同等值的房地折抵給實施者，也以同樣的比例分配更新後的價值並選配房地；而建方則以支出的成本（稱為共同負擔）換回同等值的房地產權，但共同負擔提列的項目與標準必須依照各縣市政府的規定。

此階段為計算原地主屋主分配比例以及選配的價值，也是都更的最終階段，在都更重建建物設計完成後，實施者便可以針對更新前後的權利價值進行估價、選配程序與更新成本提列等提出權利變換計畫，一般是由實施者與全體土地所有權人共同指定專業估價者（若無法共同指定，則可採用從「主管機關專業估價者建議名單」由實施者抽選、選任方式處理），讓不分配產權的所有權人領取與產權價值相當的補償金。

待權利變換計畫經過審議通過後，經主管機關核定實施，即可執行後續的拆除與重建作業等計畫執行階段，包含申請建照、委託施工、交屋手續等。

1. 網址為 https：／／ ngis.tcd.gov.tw
2. 《都市更新條例》第 27 條規定：逾 7 人之土地及合法建築物所有權人依第 22 二條及第 23 條
   規定自行實施都市更新事業時，應組織都市更新會，訂定章程載明下列事項，申請當地直轄
   市、縣（市）主管機關核准：
   （1）都市更新會之名稱及辦公地點。
   （2）實施地區。
   （3）成員資格、幹部法定人數、任期、職責及選任方式等事項。
   （4）有關會務運作事項。
   （5）有關費用分擔、公告及通知方式等事項。
   （6）其他必要事項。
3. 都更實施方式採「協議合建」者，可直接進入計畫執行階段；選擇「權利變換」實施者，則
   需要擬訂後續的權利變換計畫。

5.3

危老改建
老房子拆掉重蓋，怎麼辦？

依舊是採用上面這個案例……

老黃目前居住的房子在經歷幾次地震後，牆壁及梁柱都已出現明顯龜裂、剝落，後經過專業結構技師前來初步判定，房屋的結構已有倒塌的危險性……。　技師因此建議老黃，可向政府申請危老重建，若順利甚至還可領取相關獎勵補助金。

其實所謂危老重建，可以取得許可的條件及所要進行的流程有哪些？

一定要注意並維護的自身權益事項又是甚麼？

» 「危老建物重建」的定義

危老條例的全名是《都市危險及老舊建築物加速重建條》，就是針對具有危險性或一定屋齡的老屋所設定的重建條例，是就位於都市計畫區範圍內的老舊建築物，進行綜合性改建及更新工程，以提升其結構安全及使用功能，達到都市更新及防災之目的。而所謂危險建指的是海砂屋、震損屋等有安全疑慮的房屋，老屋指的屋齡 30 年以上、沒有電梯或改善的房屋。

危老重建措施，無非是為了降低老舊建築帶來的災害風險，年份久遠的建築物，可能會存在結構不穩定、火災風險、排水問題等安全隱患。而危老重建目的則是希望透過重建或改造這些老舊建築，提高安全性功能，確保民眾居住品質。畢竟危老建築改建的正面價值，在於可提升房屋居住品質、降低災害風險、改善都市景觀、加速改建速度，更能帶動相關產業發展……。

» 「危老建物重建」的條件

究竟自身房屋是否夠「危險」、「老舊」，主要必須符合以下條件：

1. 都市計畫範圍內：住宅基地須位於都市計畫區範圍內，非都市土地無法申請危老重建。這一點和都更重建的資格是一樣的，只要上網查詢內政部營建署城鄉發分署國土規劃入口網／相關連結（https：／／ngis.tcd.gov.tw），就可以知道屋宅是否於都市計畫區。

都更重建 VS. 危老重建的比較

	都更重建	危老重建
申辦資格	1. 位於都市更新地區或都市更新單元 2. 符合地方政府更新單元劃定標準 3. 30 年以上合法建築之重建，或 20 年以上合法建築之整建、維護。	1. 位於都市計畫區域內 2. 非歷史建築，不具文化歷史紀念藝術價值。 3. 危險或老舊的合法建築
面積	各縣市政府對最小基地規模有不同的規定，以台北市和新北市為例，至少需有 1,000 平方公尺（約 151 坪）。	不限
住戶同意比例	需達 80%，採多數決。	需 100% 同意
審核時間	數年不等	最快 1 個月，平均約 3～6 個月。
建屋分配	協議合建或權利變換	與合建之建方協議
容積獎勵	上限是基準容積之 1.5 倍，或原建築容積再加基準容積之 0.3 倍。	上限是基準容積之 1.3 倍或原建築容積之 1.15 倍，另加 10% 時程及規模獎勵。
稅務減免	土地增值 、契 、地價 、房屋	地價 、房屋

資料來源：參照都市更新條例及《都市危險及老舊建築物加速重建條例》等相關法令內容製作

　　2. 合法建築物：領有政府核發使用執照的合法建築，如為建管制度實施前，需先辦理合法房屋認定，各縣市主管機關對於合法房屋的認定不一，可上各縣市主管機關網站查詢合法建物認定相關規定。危老建築或老舊房屋建物須符合以下情形之一：

　　（1）經建築主管機關依建築法規、災害防救法規通知限期拆除、逐

予強制拆除，或評估有危險之虞應限期補強或拆除者。

（2）經結構安全性能評估結果未達最低等級者。

簡單來說，經主管機關認定，符合強制拆除，以及結構安全性能評估未達標準的房屋，都算是危險建築。

（3）屋齡 30 年以上，經結構安全性能評估結果之建築物耐震能力未達一定標準，且改善不具效益或未設置昇降設備者。也就是一種是「屋齡 30 年上，無電梯，耐震性能評估未達一定標準者」，或是「屋齡 30 年以上，有電梯，耐震性能評估未達一定標準，且詳細估後，判定改善不具效益者。」而上述兩種情形，只要符合其中一種類，就算是危險老舊建物。

3. 房屋非屬於文化遺產：為保障危老重建計劃不影響文化遺產的完整性，申請的建築物不得被指定為歷史、藝術或其他文化遺產。

4. 取得建築物全體所有權人同意重建：危老重建的標準雖然訂得比都更重建寬鬆，且與都市更新不同的是，危老重建也沒有面積的限制，但重建時必須取得 100% 即「建築物所有權人的全體同意」（所有屋主）。

5. 危老重建申請期限：於 106 年發佈後的 10 年內申請，截止日期為民國 116 年 5 月 31 日，目前政府有在研議替代的方案或是延長危老條例，可持續關注後續的進度，如果您的房屋有符合前述資格，建議可以向相關專業人士諮詢，並把握時間在前述期限內提出申請。

»「危老建物重建」的優點

1. 獎勵容積：透過增加建築物容積，鼓勵危老重建的進行。重建之後

的獎勵容積，不得超過該建築基地 1.3 倍基準容積或者 1.15 倍原建築容積。

內政部為鼓勵擴大危老重建規模，於民國 109 年 1 月 16 日通過〈都市危險及老舊建築物加速重建條例〉修正草案，將時程獎勵修正為 5%，並逐年遞減 1 個百分點；此外也新增規模獎勵，取消合併重建面積限制，基地合併鄰地面積達 400 平方公尺者，給予 2% 容積獎勵，每增加 100 平方公尺可獲得 0.5% 獎勵，獎勵上限為 10%。

2. 放寬建蔽率並有高度管制：放寬建蔽率會以住宅區基地為限，不能超過原建蔽率，建築高度管制則由中央授權給各地方主管機關訂立標準。

3. 稅賦減免：危老重建享有稅賦減免優惠，包括地價稅與房屋稅。重建期間免徵地價稅，重建後地價稅與房屋稅皆減半徵收 2 年。此外，如果所有權人是自然人，在重建後 2 年內並未移轉建物所有權，房屋稅減半徵收的時間延長，以 10 年為限。

4. 多項危老重建補助：政府提供多種費用補助，包括建築設計、施工、環境評估等方面，以下五項經費補助與配套，以台北市為例，包括：

5. 重建計畫補助：提具重建計畫且經報核者，每案補助 55,000 元。

（1）初步評估費用補助：總樓地板未達 3,000 平方公尺者，每棟 12,000 元；3,000 平方公尺以上者，每棟 15,000 元。審查費用每棟 1,000 元。

（2）詳細評估費用補助：每棟不超過評估費用 30% 或 40 萬元整。

（3）機構審查費用補助：詳細評估補助每棟評估費用 15%，每案件補助上限為 20 萬元。

（4）結構補強費用補助：經耐震初評未達一定等級，或有軟弱層潛在倒塌風險之建物，在重建前進行局部結構補強者，補助工程款 85%，每

棟上限 450 萬元

（5）**工程貸款補貼**：提供每戶最高優惠貸款額度，最高可申請 350 萬元之重建工程貸款利息補貼，年限最長 20 年，寬限期最長 5 年，有效減輕財務壓力。

» 危老重建申請流程及所須檢附資料

向各縣市政府受理「都市危險及老舊建築物加速重建條例」的業務窗口提出申請。受理後負責單位會進行危老資格審查，確認建物是否為歷史建築須保存，並進行結構評估（可能包含初步評估與詳細評估兩階段，需檢附文件，並可申請評估費用補助）。例如符合危老建築物認定，即可提出建照及拆照申請，進行施工。施工完成核發使用執照，也代表重建完成，開始進入地價稅及房屋稅減半徵收優惠。

申請危老建物須檢附的資料

申請書	・重建計畫範圍。
合法建築物或完成重建之危險建築物等證明文件	・土地使用分區。 ・經依法開業建築師簽證之建築物配置及設計圖說。
所有權人名冊及同意書	・申請積獎勵項目及額度。
重建計畫	・應依危老容獎辦法取得之證明文件及協議書。
其他經直轄市、縣（市）主管機關規定之文件	・其他經直轄市、縣（市）主管機關規定應載明之事。

資料來源：參照都市更新條例及「都市危險及老舊建築物加速重建條例」等相關法令內容製作

傳承篇
資產佈局

6.1

夫妻財產分配、遺產繼承
及預立遺囑

大陳與小莉結婚後育有二子小陳、小小陳，並與大陳的父母親住在一起。同時，大陳行動不便的未婚弟弟小保也同住一個屋簷下，平時就由大陳或小莉輪流照顧弟弟……。

豈料老天爺竟跟他們開了一個大玩笑，大陳因長年工作及照顧家裡，操勞過度後因病去世。不過大陳多年來因事業有成，留下數筆不動產，親友們相要開會決定如何分配大陳的遺產，卻又完全不知道法律是如何規定的……？

依照台灣《民法》繼承規定，大陳的遺產究竟可由哪些人分配或取得？分配比例又是如何？

另外，如果大陳與小莉至今膝下無子，大陳的雙親與弟弟小保，是否可以優先分配到大陳的遺產呢？

通常面對遺產繼承，大家最關心的莫過於遺產何時發生繼承？

遺產如何繼承？繼承分配優先順序為何？

而依照《民法》1147 條「繼承，因被繼承人死亡而開始。」所謂死亡包含自然上死亡（通常採取「心臟停止」的說法）以及經過法院的宣告死亡，而失蹤滿一定期限者，利害關係人或檢察官得向法院聲請死亡之宣告。

» 遺產繼承的順序

依照《民法》第 1138 條、第 1139 條及第 1144 條之規定，配偶（即夫妻間）與直系血親卑親屬（也就是被繼承人之子女）同為第一順位之繼承人，其後之繼承先後排序則為，簡言之，除了配偶之外，繼承優先順序為：直系血親卑親屬→父母→兄弟姊妹→祖父母，但需特別注意的是，除了配偶必然有繼承權外，其他前述的繼承人，只有當不存在前順位之繼承人時，後順位繼承人才能有依法繼承之權利。

而依照《民法》第 1144 條規定，配偶有相互繼承遺產之權。《民法》第 1138 條則規定，除配偶外，遺產繼承人依左列順序定之：

第一順位：直系血親卑親屬。

第二順位：父母親。

第三順位：兄弟姊妹。

第四順位：祖父母。

此外，《民法》第 1139 條規定，前條所定第一順序之繼承人，以親等近者為先。

≫ 遺產分配比例（應繼分）

所謂各繼承人分配之比例，也就是法律上所稱的「應繼分」，依照《民法》第 1141 條、第 1144 條規定，會因為生存之配偶與其他繼承人之親屬關係，而有不同分配之比例，以下整理出各種情形供大家參考：

遺產分配比例 - 應繼分

生存之繼承人情形	配偶應繼分	其他繼承人應繼分
配偶以外無其他繼承人時	全部	無
與直系血親卑親屬共同繼承時	按人數均分	按人數均分
與父母、兄弟姊妹共同繼承時	1／2	其他繼承人均分 1／2
與祖父母共同繼承時	2／3	其他繼承人均分 1／3

資料來源、製表：作者參考民法繼承篇等法律規定編製

依照《民法》第 1141 條規定，同一順序之繼承人有數人時，按人數平均繼承。但法律另有規定者，不在此限。而《民法》第 1144 條規定，配偶有相互繼承遺產之權，其應繼分，依左列各款定之：

一、與第 1138 條所定，第一順序之繼承人同為繼承時，其應繼分與他繼承人平均。

二、與第 1138 條所定，第二順序或第三順序之繼承人同為繼承時，其應繼分為遺產 1／2。

三、與第 1138 條所定，第四順序之繼承人同為繼承時，其應繼分為遺產 2／3。

四、無第 1138 條所定，第一順序至第四順序之繼承人時，其應繼分

爲遺產全部。

　　因此，從上述這個案例中可以知道，大陳過世時，配偶小莉仍在世，另外還有由兩人所生的兩名子女，此時依照前述的繼承分配的順序，大陳的遺產就會由直系血親卑親屬的小陳、小小陳與配偶小莉，三人依照「均分」的分配比例來分配遺產（在這個案件中就是各拿 1／3）。至於大陳的父母（老陳及麗麗）及弟弟小保（兄弟姊妹），則因已有前順位的直系血親卑親屬繼承人存在，因此原則上是無法按照法定繼承財產的權利。

　　至於，如果今天大陳與小莉膝下無子，這時因爲大陳過世時並無直系血親卑親屬的繼承人存在，那麼依照《民法》1138 條順序，便會是由父母→兄弟姊妹取得遺產。因此若再參考本案例，結果會變成是由小莉與大陳的雙親，依照配偶 1／2，父母均分其他 1／2（即各 1／4）的比例分配遺產，至於弟弟小保則沒有法定遺產分配的權利。

---

1. 《民法》第 8 條規定：「失蹤人失蹤滿 7 年後，法院得因利害關係人或檢察官之聲請，為死亡之宣告。失蹤人為 80 歲以上者，得於失蹤滿 3 年後，為死亡之宣告。失蹤人為遭遇特別災難者，得於特別災難終了滿 1 年後，為死亡之宣告。」

6.2

遺產繼承 VS. 夫妻
剩餘財產分配請求權

　　延續前面的案例，大陳的配偶小莉在大陳過世以後，認為自己是大陳合法的妻子，對家裡也貢獻許多，甚至還協助照顧大陳的雙親、弟弟及小孩……，因此在分配財產時，小莉查閱了相關資料後知道夫妻還有一個剩餘財產分配的請求權，進而向其他繼承人表示，除了應該要先分配給自己的遺產以外，自己還可以再針對剩餘財產，與其他繼承人再一起分配取得。

　　大陳的父母親覺得小莉居然想要分配兩次的遺產，這根本不合理，無法接受，因此拒絕。

　　但請問，誰有道理？

在回答這個問題之前，首先必須先介紹有關台灣夫妻財產制的規定，一般民眾對於夫妻財產制及分配常有的疑問，不外乎以下幾種，且容筆者逐一說明：

» 何謂夫妻財產制？法律如何規範？

台灣《民法》規定，夫妻財產制主要區分爲「法定財產制」及「約定財產制」：

1. 法定財產制：根據《民法》夫妻財產制第 1005 條：夫妻如果沒有特別以契約訂立其他夫妻財產制，會直接以「法定財產制」作爲夫妻財產制。由於台灣絕大部分的夫妻都沒有事先約定，因此可以說「法定財產制」是現行夫妻財產制中最普遍的種類。

2. 約定財產制：約定財產制又可以細分成：「分別財產制」、「共同財產制」。不同於法定財產制，無論是婚前婚後，雙方想要改成約定財產制，都需要填妥書面契約，並向法院聲請、辦理登記，才能發生約定之效力。

» 夫妻財產可共同？需要負擔對方債務嗎？

夫妻是可以在結婚登記時，事先約定好採取的夫妻財產制度，也可以在婚姻關係期間改定採用的夫妻財產制，而夫妻財產是否共同或分別享有權利，此問題必須依照不同的財產制來分別說明：

1. 法定財產制：

法律規定及特色：《民法》第 1017 條：夫妻的財產分為「婚前財產」（婚姻關係生效前就已經取得的財產）與「婚後財產」（係指婚姻關係生效後，於婚姻期間所取得之財產），由夫妻各自所有。

所謂婚前財產：係指一、結婚前各自取得的部分。以及二、如果夫妻原來用約定財產制，但在婚姻中改用法定財產制，改用前「各自所有的或登記在各自名下的財產」視為夫或妻的婚前財產。

而婚後財產：則是指一、夫妻結婚後取得的財產。二、不能證明是婚前或婚後財產時，視為婚後財產。以及三、不能證明是夫或妻所有的財產，視為夫妻共有財產。

最後是財產所有權：這是屬於無論婚前財產或婚後財產，都屬於取得或登記名義的夫或妻所有，但不能證明是夫或妻所有的婚後財產，推定為夫妻共有。包括有：

（1）管理權與管理費用：各自管理、各自負擔

（2）使用及收益權：各自使用、收益

（3）處分權：各自處分

（4）債務清償責任：自己的債務自己負責清償；但是如果有夫妻某一方有用自己的財產幫對方還債時，不論是「夫幫妻還」或「妻幫夫還」，都可以請對方償還。

（5）家庭生活費用負擔：由夫妻各自依照自己的經濟能力、家事勞動或其他情事下去分擔。

但依照《民法》第 1018-1 條規定：夫妻除了家庭生活費用外，得協

議一定數額的金錢，供夫或妻自由處分（自由處分金）。

（6）財產制變更：雙方同意，婚前婚後都可改用約定財產制。

因此，雖然無論是婚前或婚後財產，都是由夫妻各自擁有，也由夫妻各自管理、處分與收益（參考《民法》第 1018 條）。但最大的不同在於當婚姻關係消滅（例如離婚、一方死亡等）時，夫或妻僅可以就「婚後財產」的部分主張剩餘財產差額分配請求權，「婚前財產」則不得列入請求範圍。

不過，若是屬於婚後「因繼承或其他無償取得的財產」及「慰撫金」，仍然也不屬於可以主張剩餘財產分配請求之標的（參考《民法》第 1030–1 條）。

2. 分別財產制：《民法》第 1044 條規定：分別財產，夫妻各保有其財產的所有權，各自管理、使用、收益及處分。

自己的財產、金錢自己管理，比較不會有金錢上的糾紛。

3. 共同財產制：《民法》第 1031 條規定：夫妻之間的財產及所得，除了「特有財產」外，其餘都合併為共同財產，屬於夫妻共同擁有。

» 離婚時，夫妻雙方財產如何分配？

一般離婚方式主要分為：協議離婚（即《民法》1049 條所稱的兩願離婚）、裁判離婚（參考《民法》1052 條）、經法院調解或和解離婚（參考《民法》第 1052 條之 1）。

協議離婚是透過法院及機構外的自行協議完成也就是夫妻雙方都有意

願離婚，而且夫妻雙方能自行談妥離婚條件。例如對於雙方的財產分配、子女由誰扶養、與子女的會面交往怎麼約定、扶養費怎麼分擔等等，雙方達成協議，並寫於離婚協議書。再夫妻雙方和兩位以上的證人在離婚協議書上簽名之後，夫妻二人一同前往戶政機關辦理離婚登記，才會發生離婚之效力。

若無法自行協議完成，可能一方不願意離婚，或是兩人就離婚的條件沒辦法有共識的時候，就須透過法院訴請裁判離婚，但必須是有《民法》第 1052 條規定的事由，夫妻的一方才能向法院請求離婚。而《民法》第 1052 條規定，夫妻之一方，有下列情形之一者，他方得向法院請求離婚：

（1）重婚

（2）與配偶以外之人合意性交

（3）夫妻之一方對他方為不堪同居之虐待

（4）夫妻之一方對他方之直系親屬為虐待，或夫妻一方之直系親屬對他方為虐待，致不堪為共同生活。

（5）夫妻之一方以惡意遺棄他方在繼續狀態中

（6）夫妻之一方意圖殺害他方

（7）有不治之惡疾

（8）有重大不治之精神病

（9）生死不明已逾 3 年

（10）因故意犯罪，經判處有期徒刑逾 6 個月確定。

有前項以外之重大事由，難以維持婚姻者，夫妻之一方得請求離婚。但其事由應由夫妻之一方負責者，僅他方得請求離婚。

另外，雖然透過法院訴請離婚，但因爲離婚家事案件，屬於強制調解案件，法院仍然會安排調解程序，實務上也有許多案例是透過法院調解程序來做成「離婚和解或調解筆錄」，而實際上這樣的效力也是與法院判決具有同等效力的。因此，比較常見離婚流程，會是：

協議離婚→達成協議→戶政事務所辦理離婚登記→未能達成協議→訴請離婚→法院調解→開庭審理辯論→法院作成離婚准否判決

至於有關離婚後財產分配的方式，依照不同夫妻財產制，會有不同的情況：**「法定財產制夫妻」離婚時，會有「剩餘財產分配請求權」問題。**

婚後財產在婚姻關係消滅時（離婚、配偶死亡），若屬於最常見的「法定財產制」，就會有「剩餘財產分配請求權」，財產低的那方可以要求進行夫妻財產分配，除了雙方當事人可以拿回屬於原本自己的財產外，財產低的那方有權利分到「扣除這段婚姻中所負的債務之後，平均分配的財產差額」。

簡單來說，就是將夫與妻現存的婚後財產，扣除婚姻關係存在的期間所負擔的債務後，剩餘財產較少的一方，可以向剩餘財產金額較多的一方，請求 2 人剩餘財產差額的一半。例如丈夫財產有 100 萬，負債 20 萬；妻子只有 20 萬元，0 負債。分配剩餘財產時，丈夫財產要先扣除債務，也就是 100 萬 –20 萬＝ 80 萬。丈夫 80 萬扣除妻子 20 萬＝ 60 萬元，這 60 萬元 ÷2 人＝ 30 萬，於是丈夫必須要給妻子 30 萬元（即剩餘財產分配的請求金額）。

基本上這就是。「財產較少的一方，可向財產較多的一方請求雙方財產差額的一半」。但爲了讓法官對於財產分配額判定更有依據，在 2020

年底，立法院三讀修正《民法》，增加了「夫妻之一方對於婚姻生活無貢獻或協力，或有其他情事，致平均分配有失公平者，法院得調整或免除其分配額。」而在「夫妻之一方有無貢獻或協力或其他情事」有更明確的定義，修法增訂「法院為前項裁判時，應綜合衡酌夫妻婚姻存續期間之家事勞動、子女照顧養育、對家庭付出之整體協力狀況、共同生活及分居時間之久暫、婚後財產取得時間、雙方之經濟能力等因素」的條文。

另外依照《民法》規定，夫或妻要向他方請求剩餘財產分配請求權，應該在知道有剩餘財產分配的法定原因時起，2 年內為請求，或者法定財產制關係消滅的 5 年內請求，否則就會有請求權罹逾時效，他方債務人可以拒絕給付的問題，因為是屬於「短期消滅時效」，在權利主張行使上須特別留意。

舉例來說，若有一對夫妻決定離婚，清算 2 人婚後的財產時，先生財產淨值為 700 萬元，而太太名下為 100 萬元，2 個人的財產差額即為 600 萬元（700 萬 –100 萬元），但是離婚時若法官認為太太對家庭有一定的貢獻，就判定先生必須拿出兩人財產差額的 2 / 3，也就是 400 萬元（600 萬 ×2 / 3）給太太，而這就是一種折衷調整的模式。

至於若採取：

1.「分別財產制」：因為各自財產本來就是獨立個別，不會有離婚後財產分配約定的問題。

2.「共同財產制」：夫妻財產共同，離婚後各自平分一半，依照法律規定而來。

簡單來說，這就是：

（1）法定財產制：財產少的一方，可爭取對方財產（剩餘財產分配）。

（2）分別財產制：你的就是你的，我的就是我的，互相都不能請求。

（3）共同財產制：婚後財產一人一半。

» 夫妻若有一方死亡，可以請求剩餘財產分配嗎？

依《民法》第 1030 條之 1 規定，夫妻法定財產制關係消滅時，夫或妻現存之「婚後財產」，扣除婚姻關係存續中所負債務後，如有剩餘，其雙方剩餘財產之差額，應平均分配。

所以，被繼承人死亡後，其生存配偶得依前述《民法》之規定，行使剩餘財產差額分配請求權，其價值於核課被繼承人遺產稅時，可以自遺產總額中扣除。但是因繼承或其他無償取得之財產及慰撫金，則排除於剩餘財產分配之外。

例如：甲與其配偶結婚，其後甲過世後，其於結婚後取得的財產有 900 萬元，其配偶結婚後取得的財產有 400 萬元，所以配偶可以主張 250 萬元的剩餘財產差額分配請求權〔（900 萬元 −400 萬元）÷2〕。另外，該 250 萬元金額可以自被繼承人遺產總額中扣除。

1. 夫妻婚姻期間購買的房屋，離婚後如何分配？

婚姻期間若有購買不動產，若並沒有特別約定分別或共同財產制，原則上所購買的不動產之價值，都是屬於「婚後財產」，在離婚或婚姻關係消滅時，仍然會納入剩餘財產分配請求之範圍，只是若房屋不動產尚有貸

款或抵押權，相關的債務仍然會先扣除，有剩餘的價（殘）值時，才會正式納入剩餘財產分配的範疇。

至於若是一方於婚姻前所購買的不動產，因為屬於「婚前財產」，並不會納入剩餘財產分配的範圍。

較有爭議的是，婚前購買預售屋，興建過程中結婚，婚姻期間才正式過戶交屋時，究竟是婚前還是婚後財產？

此種情形，因為依照《民法》第758條，不動產物權取得、變更，需在完成過戶登記後，才發生效力。因此，預售屋雖然是在結婚前購買，但婚後才取得所有權登記，仍會被認定是「婚後財產」，離婚時將被列入剩餘財產分配請求權範圍。

只是若是有另一方也有協助支付貸款的情形，仍然可以代對方支付的貸款請求另一方償還，另外，若實際上雙方有合意，登記其中一人僅係「借名登記」，仍然有可能解釋為另一方也有一半的房屋權利，此時，因為雙方剛好均有一半的權利，兩相扣減，就又不會有一方向他方就房屋價值請求剩餘財產分配之問題。

另外，在交易實務上，也有許多夫妻會採取各登記持分1／2的方式，避免房產被一方單獨侵吞或設定抵押權造成房屋遭拍賣。並且，未來就算離婚，持分各1／2也可相抵，而免除互為求償剩餘財產分配之金額。不過如果發生想要作不動產交易處分時，若雙方意見不一致，也會因為持分各1／2，均無法過半數來決定，也會有造成房屋不動產無法進一步為有效交易的風險，需要一併留意。

因此如果夫妻倆購買預售屋，有相關的財產顧慮，可在結婚的時候，

直接約定登記「分別財產制」，基本上就不會有離婚後，還受到剩餘財產
的分配房產問題。

2. 夫妻剩餘財產分配 VS. 家族遺產繼承的競合關係？

配偶之剩餘財產分配請求權，優先於繼承人繼承權之分配。

配偶一方死亡時，生存的配偶同時具有「配偶」及「繼承人」兩種身
分。身為「配偶」，可以在分配遺產前，「先」行使夫妻剩餘財產分配請
求權，「後」再以「繼承人」的身分，與其他共同繼承人（例如子女）一
起分配遺產。

也就是說，配偶一方死亡是法定財產制消滅的原因之一，也就是剩
餘財產請求權發生的時間點，生存配偶要認識到自己有機會先行使夫妻剩
餘財產分配請求權，此時必須先知道配偶間是使用哪一種財產制。在現行
的夫妻財產制中，可分為法定財產制與約定財產制兩種（此部分參前述說
明）。而夫妻剩餘財產分配請求權只有在夫妻財產制是法定財產制時，才
有適用的餘地。

完成夫妻剩餘財產結算後，生存配偶仍可以再以「繼承人」的身分繼
承死亡配偶的遺產。且因為生存配偶享有特別地位的繼承權，繼承的順序
不論其他繼承人親等優先情況如何，配偶都是當然繼承人[1]，因此不論是
由哪個順序的繼承人繼承，配偶都可以請求一同參與分配，因此若發生繼
承情況，配偶可以依照剩餘財產分配請求權請求分配婚姻期間雙方累積財
產差額之一半後，再以繼承人之身分，就剩餘財產部分，依照應繼分比例，
參與繼承分配。

　　此外，台灣於 2019 年 5 月通過了「司法院釋字第 748 號解釋施行法」，並正式施行，使得同性婚姻關係的雙方當事人可以適用夫妻間的財產分配和繼承相關規定。根據這項規定，兩位同性別的人在符合法律程序的情況下，可以向戶政機關辦理結婚登記，正式成立婚姻關係。

　　因此，《民法》中關於夫妻財產制度和配偶繼承的相關條款也適用於同性婚姻伴侶。若在婚姻期間一方去世，生存的配偶除了可以根據《民法》的規定繼承遺產外，如果雙方的財產制度是法定財產制，生存的一方還可以先按《民法》的規定請求剩餘財產的分配，再與其他共同繼承人一起分配遺產。這意味著生存配偶同時擁有「配偶」和「繼承人」的身份，可以同時享有剩餘財產分配請求權以及遺產繼承的權利。

1. 參考《民法》第 1144 條規定。

6.3

遺產贈與 VS. 遺產特留分

　　再延續上述案例……

　　當大家在整理大陳身前文件時，意外發現大陳留有一份遺囑，雖還不知道遺囑效力如何，但遺囑內容是，因為大陳從小照顧弟弟小陳，擔憂自己若先離世，行動不便的弟弟生活無以為繼。因此在遺囑中清楚表示，要將所有財產的「4／5」分給小陳，剩餘部分再由其他繼承人分配之。

　　這樣的分配方式是否有違法的情形？

　　有無侵害其他繼承人特留分之權利？

　　配偶與小孩各自應繼分為 1 ／ 2，特留分為 1 ／ 4，但因為小莉要先取得遺產之一半（剩餘財產分配），剩下的 1 ／ 2 再由小莉及二位小孩（小陳、小小陳）各分得 1 ／ 6，所以特留分是 1 ／ 8。若將財產分配 4 ／ 5 給小陳，這無異是直接侵害了小莉的剩餘財產分配請求權，且在遺產只剩下 1 ／ 5 的情況下，也會造成剩餘財產由小利與小孩分配各 1 ／ 10，導致遺產不足 1 ／ 8，侵害繼承人的特留分。

　　遺囑可就遺產提前進行分配方式的決定，但因為法律有規定遺產繼承之特定比例，也就是第 2 點所述的「應繼分」，因此《民法》第 1223 條規定，對於應繼分中一定的比例，應以「特留分」之規定方式來保護，對於繼承人遺產特留分部分，遺囑的分配方式也不能侵害，否則不僅遺囑的效力會有爭議，被侵害特留份的繼承人還可依照《民法》第 1225 條規定，行使「扣減權」。

　　依照《民法》第 1225 條規定，應得特留分之人，如因被繼承人所為之遺贈，致其應得之數不足者，得按其不足之數由遺贈財產「扣減」之。受遺贈人有數人時，應按其所得遺贈價額比例扣減。

　　依照《民法》第 1223 條規定，繼承人之特留分，依左列各款之規定：

一、直系血親卑親屬之特留分，為其應繼分 1 ／ 2。

二、父母之特留分，為其應繼分 1 ／ 2。

三、配偶之特留分，為其應繼分 1 ／ 2。

四、兄弟姊妹之特留分，為其應繼分 1 ／ 3。五、祖父母之特留分，為其應繼分 1 ／ 3。

　　若再延續前述的案例來說明：

那麼如果遺囑裡並未提到要分配給弟弟，而是表示遺產要「全數」捐贈給某個慈善單位基金會，但包含小莉、大陳的父母親、還有其他繼承人都明確表示反對，並且主張該基金會根本不是繼承人之一，不能享受遺產分配的權利，並且主張該遺囑已經侵害了自己的繼承權，那麼該基金會究竟能否分配到遺產？又能分配到多少？

其實，非繼承人還是可以享有受他人遺贈之權利，但不得侵害原有繼承人之特留分，而配偶與小孩各自應繼分為 1／2，特留分為 1／4，但因為小莉要先取得遺產之一半（剩餘財產分配），剩下 1／2，再由小利小孩分得 1／4，所以特留分是 1／8，基金會可以取得的是扣除（1／2+1／8+1／8）＝ 2／8 ＝ 1／4 的遺產。

6.4

預立遺囑
遺產的提前安排與佈局

　　繼續上述案例，大陳的繼承人與基金會有關遺囑的爭議遲遲未能達成共識，為了爭取遺產分配的權利，大陳的繼承人於是提起訴訟，認為大陳自己寫下的遺囑效力有瑕疵……。

　　主因在於遺囑內容是用電腦打字的，但基金會主張雖是用電腦打字的，但遺囑的每頁都有蓋手印和騎縫章；除此之外，每個簽名都經過筆記鑑定確實是小陳的筆跡，所以遺囑的真實性根本毫無問題。

　　說實話，究竟哪一方主張的才是正確的？

　　基本上，自書遺囑必須要全部手寫，不能有透過電腦打字完成的部分。

　　延續上述的案例，大陳生前因不想讓立遺囑的事情被太多人知道，因此選擇自己默默寫下遺囑並且妥善收好。但除了自己手寫以外，大陳有沒無可能透過其他例如律師、公證人或其他見證人的方式來完成遺囑呢？

　　另外，如果大陳在醫院發出病危通知且尚有意識時，有沒有甚麼辦法可以因應這種緊急狀態，更順利地完成遺囑公告的方式？

　　其實想要瞭解以上這些問題，首先就要針對遺囑的法定種類及要件加以說明；而第一要務就是釐清遺囑的種類、方法。

　　遺囑是一種需要遵循一定形式的法律文件（法律上稱為「要式行為」），必須按照規定的方式來寫，才能有效。法律這樣要求是為了確保遺囑的真實性和存在性，減少法律糾紛，以維持家庭的和睦。

　　《民法》第 1189 條列出了遺囑的不同方式，包括普通方式和特別方式。普通方式有自書遺囑、公證遺囑、密封遺囑和代筆遺囑，而特別方式則是指口授遺囑。根據《民法》第 1195 條，口授遺囑又可以分為筆記口授遺囑和錄音口授遺囑。這樣做是為了確保每個人都能清楚地了解自己的遺願。

» 自書遺囑

　　《民法》第 1190 條：「自書遺囑者，應自書遺囑全文，記明年、月、日，並親自簽名。如有增減、塗改，應註明增減、塗改之處所及字數，另行簽名。」

1.**必須自書遺囑全文**：遺囑人必須親自手寫整個遺囑，不能請別人代寫，也不能用電腦打字，否則這份遺囑就不會生效。

2.**必須記明年、月、日**：需要在遺囑上註明完成的日期。日期不必寫得非常詳細，比如某年某月某日，只要能確定就可以，例如可以寫婚姻紀念日或長男的生日等。

3.**必須親自簽名**：簽名最好使用平時習慣的簽名和字跡，這樣日後如果有爭議，即使通過筆跡鑑定也能證明是真實的。不能用印章、指印或其他符號來代替簽名，這樣才能夠清楚確認遺囑人的真實意圖，避免遺囑被偽造或變更。

» 公證遺囑

《民法》第 1191 條第 1 項：「公證遺囑，應指定 2 人以上之見證人，在公證人前口述遺囑意旨，由公證人筆記、宣讀、講解，經遺囑人認可後，記明年、月、日，由公證人、見證人及遺囑人同行簽名，遺囑人不能簽名者，由公證人將其事由記明，使按指印代之。」

1.**必須指定 2 位以上的見證人**：見證人必須由遺囑人親自指定，至少需有兩位，且不能由他人來指定。見證人必須在口述內容的時候一直在場，直到整份遺囑完成。如果見證人沒有全程在場，那麼這份遺囑就不符合見證的法定要求，仍然會無效。

2.**須由遺囑人在公證人面前口述遺囑的意圖**：遺囑的內容必須以口頭方式表達，不能用其他動作來表示。這個口述必須直接面對公證人，不能

由見證人來轉述。

3. 需要由公證人做筆記、宣讀和講解：公證人根據遺囑人的口述內容做筆記之後，必須將這些內容宣讀和講解給遺囑人，並確認內容是否與遺囑人口述的意思一致。

4. 必須經遺囑人認可後，由公證人、見證人和遺囑人簽名，並且記明年月日：公證人要記下日期，然後公證人、見證人和遺囑人一同在遺囑上簽名。如果遺囑人無法簽名，可以用指印代替，但公證人必須記明這個情況。而見證人則必須簽名，不能用指印來替代。

» 密封遺囑

《民法》第1192條第1項：「密封遺囑，應於遺囑上簽名後，將其密封，於封縫處簽名，指定2人以上之見證人，向公證人提出，陳述其為自己之遺囑，如非本人自寫，並陳述繕寫人之姓名、住所，由公證人於封面記明該遺囑提出之年、月、日及遺囑人所為之陳述，與遺囑人及見證人同行簽名。」

1. 必須遺囑人在遺囑上簽名：密封遺囑的特點在於只有遺囑人知道裡面的內容，見證人和公證人無法得知。因此，要求遺囑人在遺囑上簽名，這樣可以表示遺囑內容是遺囑人的真實意圖，簽名必須使用正常簽名，不能用指印來替代。

2. 須由遺囑人將遺囑密封，並於封口處簽名：遺囑人需要將遺囑密封，以防止他人打開，避免內容被改動或偽造。至於密封的方式，法律並沒有

明確要求，遺囑人只要確保密封能防止內容外洩就可以。

3.需要遺囑人指定2名以上的見證人向公證人提出：遺囑人需要告訴公證人這是自己的遺囑，如果不是自己寫的，還需要說明誰是寫的，並提供該人的姓名和住址，這樣公證人和見證人才知道這份遺囑是誰寫的。

由於密封遺囑的內容不會提前公開，所以遺囑人只需告訴公證人這份遺囑是自己寫的還是別人代寫的，無需透露具體內容。

4.需要由公證人在遺囑封面上記明提出的年月日及遺囑人所做的陳述：公證人必須將遺囑人提出的日期和遺囑人所做的陳述寫在遺囑的封面上，這個日期就是密封遺囑成立的日期。

5.必須由公證人、遺囑人及見證人一起簽名：公證人、遺囑人和見證人在封面上一起簽名後，密封遺囑的程序就算正式完成了。

例如長榮集團已故創辦人張榮發，於生前曾經製作一份密封遺囑，其內容是將遺產指定交由二房獨子，也就是現任星宇航空創辦人張國煒，單獨全部繼承所有遺產，但是引起其他繼承人不服，並向法院提起遺囑無效之訴，案件歷經地方法院、高等法院及最高法院審理後，也經確定判決，認定張國煒繼承遺產所依據之遺囑為有效，此部分也成為實務上密封遺囑的代表性矚目判決（相關新聞參考：「張國煒單獨繼承百億遺產！張榮發遺囑官司　最終判決出爐」https://www.ettoday.net/news/20240814/2797440.htm#ixzz8lKWmw3Ne

» 代筆遺囑

《民法》第 1194 條：「代筆遺囑，由遺囑人指定 3 人以上之見證人，由遺囑人口述遺囑意旨，使見證人中之一人筆記、宣讀、講解，經遺囑人認可後，記明年、月、日及代筆人之姓名，由見證人全體及遺囑人同行簽名，遺囑人不能簽名者，應按指印代之。」

1. 必須由遺囑人指定三位以上的見證人：遺囑人需要選擇三位以上的見證人，其中一位必須是代筆人。代筆人的角色與公證人相似，負責處理遺囑的寫作。

2. 須由遺囑人口述遺囑的內容：遺囑人必須用口語來表達自己的遺囑意圖，不能用其他方式來替代，也不能讓別人替他口述後再表示同意。另外，所有見證人需要全程在場，聽取遺囑人的意圖。

3. 需由見證人中的一位筆記、宣讀和講解：代筆人必須是見證人之一，並且要親自用手寫遺囑的內容，不能用電腦打字，這樣才能避免未來出現爭議。

4. 必須在遺囑人認可後，記明年月日和代筆人的姓名：遺囑人確認內容後，必須由代筆人記錄下遺囑的日期，以及代筆人的名字。

5. 需由所有見證人和遺囑人共同簽名：所有見證人，包括代筆人，都必須在遺囑上簽名。如果遺囑人無法簽名，可以用指印來代替，但不可以用蓋章的方式。

» 口授遺囑

《民法》第 1195 條，遺囑人因生命危急或其他特殊情形（例如戰爭、天災、巨變），不能依其他方式爲遺囑者，得依下列方式之一爲口授遺囑：

1. 筆記口授遺囑：這種遺囑需要遺囑人指定至少兩位見證人，然後由遺囑人口述自己要表達的遺囑意圖。接下來，見證人中的一位會將這些意圖如實記錄成筆記，並標明年、月、日，然後所有見證人都需要一起簽名。

2. 錄音口授遺囑：同樣需要遺囑人指定兩位以上的見證人。遺囑人會口述自己的遺囑意圖、姓名及年、月、日。所有見證人會共同確認這些口述的眞實性，並把這些內容全部錄音。錄音帶會在現場密封，並標明年、月、日，最後所有見證人都會在封口的地方一起簽名。

以上兩種情況是較爲特殊且緊急的情形下才會使用的遺囑方式，因此在實務上並不常見。由於這些情況相對特殊，爲了避免因爲匆忙決定而產生的遺囑存續太久，《民法》第 1196 條和第 1197 條規定，口述遺囑一旦在遺囑人能夠依其他方式立遺囑之後，會在 3 個月內失效。

此外，口述遺囑需要由見證人中的一位或與遺囑人有利益關係的人，在遺囑人去世 3 個月內提請親屬會議來認定其眞僞。如果對於親屬會議的認定有異議，也是可以向法院請求判定的。

法律對於遺囑有非常嚴格的要求，如果遺囑不符合這些法律規定，法院可能會宣告其無效。因此，確保遺囑有效的前提就是要符合所有法律要求。遺囑的設立事關重大，可以避免子女之間的糾紛。如果遺囑無效，可能會導致子女之間產生爭議，這與立遺囑人的初衷是相悖的。

　　因此，在立遺囑時應該非常慎重，以免形成一份無效的遺囑，影響遺囑的效力。

　　最好的做法還是建議尋求律師或具法律專業知識的人來協助處理相關的遺囑製作與規劃，這樣可以避免因為不符合遺囑相關法律條件而被認定為無效，讓先前的努力付諸東流。

6.5

喪失繼承權……？

如果大陳過世的時候，繼承人有大陳的太太小莉及兒子，但是大陳的兒子JACKY陳因為年輕時交到一些不良的朋友，沾染上毒癮，三不五時就向大陳伸手要錢，甚至還會對大陳及小莉出口辱罵及動手動粗，家裡沒人阻止得了兒子，大陳多次甚為動怒，並當著兒子JACKY陳及家裡的人表示，以後就當自己沒這個兒子，兒子以後也別想繼承自己的遺產……。

如今大陳過世了，但兒子JACKY陳第一時間就向家裡其他人表示自己是唯一的兒子，繼承爸爸遺產是天經地義，請問其他人可以以主張JACKY陳不能繼承大陳的遺產嗎？如果大陳想在生前就可以用明確表示依據的方式，來不讓小陳繼承遺產，避免爭議，要怎麼做比較好？

» 繼承權喪失的概念、類型

繼承權是基於法律明文賦予的權利，基本上只要有符合繼承的原因出現，就有權利主張繼承。然而，如果繼承人對被繼承人或其他繼承人有特定的不法或不當行為，法律會考量到這一點，基於對被繼承人意願的尊重以及維護財產繼承的公平性，可能會限制或剝奪這些繼承人的繼承權。這樣的做法旨在確保繼承過程的正義與公平，避免因為不當行為而影響到其他合法繼承人的權益，《民法》第 1145 條第 1 項即設有「喪失繼承權」之規定。

1. 絕對失權：

絕對喪失繼承權是一種當事人一旦發生某些事由，就會立即失去繼承權，無需法院的宣告，且即使被繼承人原諒他也無法恢復繼承權。根據《民法》第 1145 條第 1 項第 1 款的規定，以下情況屬於絕對失權：

（1）故意致被繼承人死亡，並受刑判決者：如果繼承人故意殺害被繼承人，這是一種非常嚴重的犯罪行為，無論是未遂還是已遂，繼承權都會喪失。

（2）故意致其他應繼承人死亡，並受刑判決者：這包括繼承人殺死其他繼承人的情況，無論是法定繼承人殺害遺囑繼承人，還是反過來的情形，都會導致喪失繼承權。

（3）即使未致被繼承人死亡，卻受刑判決者：這裡的重點在於該行為人可能雖然未導致被繼承人的死亡，但仍然因為故意的行為受到了刑罰。

（4）即使未致其他應繼承人死亡，卻受刑判決者：與第三種情況類似，只要是故意行為即便未造成死亡，仍然會受到影響。

這些行為無論是故意造成被繼承人或其他應繼承人死亡（例如子女故意殺害父母或兄弟姐妹），都屬於極其嚴重的惡性行為，法律對此毫不容許。即便最終沒有造成實際的死亡結果，依然會被絕對地取消繼承權。

特別需要注意的是，這種情況下必須是「故意」致死的行為，而如果是出於過失則不會構成失去繼承權的原因。另外，所謂的「受刑之宣告」指的是刑罰的判決已經生效。

2. 相對失權：

《民法》第 1145 條第 1 項第 2 款～第 4 款為相對失權，其事態較前述故意致死情形為輕，故繼承權喪失後，可因被繼承人之宥恕而回復其繼承權。

相對喪失繼承權之事由為同條第 2 款～第 4 款，其種類有三：

第一種情況是，繼承人以詐欺或威脅的方式迫使被繼承人寫下有關繼承的遺囑，或者使其撤回或變更原有的遺囑。

第二種情況是，繼承人以詐欺或威脅手段妨礙被繼承人對繼承遺囑的處理，或者妨礙被繼承人撤回或變更遺囑。

第三種情況是，繼承人進行偽造、變造、隱匿或湮滅與繼承相關的遺囑。

以上三種情況都涉及繼承人對被繼承人立遺囑自由的妨害，或者對遺囑的真實性造成影響。詐欺指的是使用欺詐手法使被繼承人產生錯誤認知，進而做出某種意思表示；而脅迫則是使被繼承人因恐懼而做出意思表

示。偽造和變造是指對遺囑內容進行竄改，使其失去真實性。隱匿和湮滅則是指故意使遺囑難以找尋或完全消失，導致無法執行其內容。

3. 表示失權：

根據《民法》第 1145 條第 1 項第 5 款的規定，喪失繼承權的原因包括對被繼承人的重大虐待或侮辱，且需要被繼承人「表示」該繼承人不得繼承，這樣就會產生喪失繼承權的效果。

這條款有兩個要件：第一，必須對被繼承人有重大虐待或侮辱；第二，必須經過被繼承人的表達，明確表示該繼承人不得繼承。所謂「虐待」，是指對被繼承人施加身體或精神上的痛苦。比如，繼承人未對被繼承人進行應有的扶養，使用暴力或口頭侮辱，甚至遺棄被繼承人，這些都可能導致被繼承人受到身心上的折磨。「侮辱」則指故意貶低他人人格的行為，比如用粗俗的語言侮辱被繼承人。

此外，必須有被繼承人明確表示喪失繼承權的情況。如果沒有被繼承人的表達，該繼承人不會喪失繼承權。這裡的「表達」不一定要通過遺囑來進行，只要被繼承人在生前有任何類似的表達就足夠了。但是考量到未來在法庭上可能的舉證問題，建議不要僅僅依賴口頭方式，最好的做法是讓被繼承人以正式的書面方式來表明。如果能同時有錄音或錄影那就更好，這樣能更清楚地展現被繼承人的真實意圖。

甚至，為了避免爭議，可以採用公證或認證的方式，或者透過律師來寫一份「代筆遺囑」，在裡面明確表達喪失繼承權的意圖，並同時規範希望的財產分配方式，這樣更能有效達到讓某些人「喪失繼承權」的效果。

6.6

法定限定繼承權 VS. 拋棄繼承

延續前面的案例……

大陳過世後雖留下一些房地產及存款，但小莉還有其他繼承人也知道，大陳因為投資失利，尚有大筆的債務未清，只是大家都不清楚實際金額？

小莉還有其他繼承人，因為不確定大陳留下的存款及房產是否足夠清償債務，深怕日後得「夫債妻償」，因此考慮是否要先拋棄繼承以求自保！

小莉及其他繼承人究竟要如何決定比較妥當？

拋棄繼承跟限定繼承之間，到底有甚麼差別？

》概括繼承 VS. 法定限定繼承

1. 舊《民法》規定：法定當然概括繼承！

舊《民法》第 1148 條：「繼承人自繼承開始時，除本法另有規定外，承受被繼承人財產上之一切權利、義務。但權利、義務專屬於被繼承人本身者，不在此限。」－概括繼承原則。

舊《民法》第 1154 條：「繼承人得限定以因繼承所得之遺產，償還被繼承人之債務。」，意即任意限定繼承制度。

舊《民法》→法定當然概括繼承、意定限定繼承！

簡單來說，在舊法制度下，繼承人承受被繼承人財產上一切權利義務。也就是所謂的「法定當然概括繼承主義」，若被繼承人有債務，繼承人也須負擔清償責任，繼承人形同對「繼承債務負擔無限責任」，也衍生在不確定潛在債務的情況下，勢必要採取「拋棄繼承」的作法。

2. 現行法規定：法定當然限定繼承主義！

因為過往常有父母過世後，子女因不瞭解法律規定，來不及辦理拋棄或限定繼承，因而承擔父母生前留下巨額債務，衍生諸多社會問題及悲劇，為了解決這種「父債子償」的不合理現象。

上述兩條文於 98 年修法時被合併修正為第 1148 條「繼承人自繼承開始時，除本法另有規定外，承受被繼承人財產上之一切權利、義務。但權利、義務專屬於被繼承人本身者，不在此限。繼承人對於被繼承人之債務，以因繼承所得遺產為限，負清償責任。」

　　也就是說，在 98 年修法後，現行《民法》1148 條，改採取「法定當然限定繼承主義」，若被繼承人有債務，繼承人僅「以因繼承所得遺產為限」，負擔「有限清償責任」。簡單來說，限定繼承是對債務繼承全面改採限定責任為原則：即當債務大於繼承的財產時，債務償還的最高金額為繼承財產金額，其他債務便不用再負擔了！

　　例如如果繼承的積極財產有 200 萬，但被繼承人負債有 300 萬，繼承人也只在 200 萬元的範圍內，才需要負擔清償責任。相較以往，繼承人比較不用擔心！因為《民法》已修改為法定全面限定責任，原則上只要沒有要拋棄繼承，就是法定限定繼承，目的就是希望保護繼承人的權益，即使沒有辦理拋棄繼承，繼承人也不用像過往「概括繼承」必須承擔所有責任，背負終生的償債責任。

　　不過要特別提醒的是，即使沒有拋棄繼承，而直接適用法定限定繼承，但是繼承人仍然必須向法院陳報遺產清冊，以保障自身的權益。而陳報遺產清冊，主要是由任一繼承人均可辦理，繼承人在知道自己可以繼承後的 3 個月內，以書面開具遺產清冊後，檢附於聲請狀中，並向被繼承人死亡時住所地的地方法院提出。

　　而陳報遺產清冊，完整所需檢附的資料包含：

　　（1）繼承人戶籍謄本及被繼承人除戶謄本

　　（2）陳報人印鑑證明：可至戶籍地戶政事務所辦理

　　（3）遺產清冊：可向國稅局或稅捐稽徵處申請「被繼承人之總財產歸戶資料」全體繼承人名冊

　　（4）繼承系統表：此部分繼承人須依照實際繼承情形自行製作圖表

（5）非訟費用：新臺幣 1,000 元

» 限定繼承與拋棄繼承的差異

限定繼承就是指，當被繼承人遺留債務給繼承人時，繼承人僅需動用自己繼承到的財產去償還被繼承人留下的債務即可；至於其他超過範圍的債務，繼承人無須動用自己的財產去償債。而拋棄繼承則是指，拋棄往生者留下的所有財產、保險給付、債權與債務。

簡單來說，當選擇拋棄繼承後，被繼承人之財產與債務一切均與拋棄繼承人無關，不過一旦為拋棄繼承，就不能反悔，不能事後有改變態度說要再回來繼承遺產。因此，選擇拋棄繼承前，請務必確認繼承人的財務狀況，否則「一經拋棄，覆水難收！」

另外，拋棄繼承需在「知悉」被繼承人死亡後 3 個月內拋棄，相較於限定繼承還是有陳報遺產清冊等流程，拋棄繼承並寄送文件至法院即可。特別要提醒的是，拋棄繼承只對有實際辦理拋棄繼承的人發生效力，沒有辦理的人，還是會依照前述「法定限定繼承」的方式，繼承被繼承人的財產與債務。因此繼承人自己拋棄繼承後，如果繼承債務多於遺產，不要忘了一併幫自己其他繼承人（例如子女）也辦理拋棄繼承，以免產生自己拋棄繼承但卻需由子女繼承債務的情形。

至於向法院辦理拋棄繼承，需在知悉被繼承人死亡後 3 個月內，向被繼承人住所地法院以書狀提出聲請，並且檢附以下文件：

（1）拋棄繼承聲請書

（2）被繼承人除戶戶籍謄本（如戶籍尚無死亡記載，應同時提出死亡證明書）。

（3）拋棄人戶籍謄本、印鑑證明、印鑑章

（4）繼承系統表

（5）拋棄通知書收據

（6）繳納非訟費用新台幣 1,000 元

順帶提醒一下，法定限定繼承無須父債子償或是夫債妻償，但要注意法定限定繼承的流程，若確定要拋棄繼承，也要向法院提出聲請才行。

» 繼承遺產的方法

若依照法律的規定，繼承遺產必定會有課徵遺產稅的問題，而關於稅率，現行法規是採取級距課稅：

（1）遺產淨額 5,000 萬元以下者：課徵 10%。

（2）超過 5,000 萬元～ 1 億元者：課徵 15%。

（3）超過 1 億元者：課徵 20%。

由此可知，在現行稅制下，遺產若被課徵最高級距，是必須要將遺產的 20% 交予國家稅收，比例不算小，所以如何在生前運用合法且適當的財務工具或標的，將財產提前佈局傳承給下一代，也就是「資產傳承」概念的核心。

至於資產傳承常見的工具，主要包括：

1.逐年贈與：根據現行的稅制，夫妻之間的贈與是免稅的，而父母與

子女之間每年也有一定的贈與免稅額。透過逐年贈與的方式，可以逐步將資產傳承給下一代。

另外，夫妻剩餘財產分配請求權是一項重要權利，當一方配偶去世時，生存的配偶可以請求分配剩餘財產，而且這筆請求的金額不會被計入遺產稅的徵收範圍。這意味著生存的配偶能夠完整享有該財產的分配，不需支付遺產稅。在分配完成後，生存的配偶仍然可以與其他子女或者繼承人共同進行遺產的分配。這樣的安排不僅有助於資產的傳承，還能有效進行節稅規劃，也是資產傳承及稅務布局的一個重要途徑。

2. 購買保險：依照《保險法》第 112 條規定「保險金額約定於被保險人死亡時給付於其所指定之受益人者，其金額不得作為被保險人之遺產。」因此，如果被繼承人在投保人壽保險時指定了受益人，那麼當保險事故發生時（即被繼承人去世），保險公司所支付給受益人的保險金就不會計入遺產總額，因此也不會被課徵遺產稅。

因此，購買人壽保險成為資產傳承的一個常見選擇，因為理賠的保險金是現金，對於下一代繼承人來說，這些資金的運用會更靈活（例如可以用來支付遺產稅或其他相關費用）。

不過，如果所購的保單屬於投資型保單，那麼是否能免徵遺產稅就要依據實質課稅原則來考量。因此，在選擇使用保單作為資產傳承工具之前，一定要事先了解相關的規定，也建議向專業人士如律師或會計師尋求意見，以確保節稅的期待不會落空。

3. 購置不動產：目前在不動產交易實務中，主要是根據土地的公告現值和房屋的評定現值來徵稅。這兩者計算出來的不動產價值通常會低於實

際的市場交易價格。因此，有些人選擇先購買房地產，將資產轉變爲不動產形式，由子女持有，這樣可以提前達到免除遺產稅的目的。

不過，購買的時機和交易流程需要特別注意，因爲稅捐機關可能會認定這種行爲爲實質贈與，因此有可能會被追徵贈與稅，這點也需好好留意。

此外，由於不動產屬於重資產，流動性較低，變現的過程比較不容易，如果突然需要資金調度，轉換成現金可能需要更長的時間（例如，透過出售或貸款）。因此，在考慮是否使用這種資產傳承工具之前，應該綜合評估整體的財務狀況再做出決定，這樣會更爲合適。

4.設立信託： 信託是一種財產管理工具，委託人將財產轉交給受託人（通常是銀行或金融機構），受託人根據信託的目的來管理或處分這些財產，比如按月給子女提供合理的生活費。

儘管遺產最終會全面分配給繼承人，但若繼承人缺乏妥善管理財產的能力（如年紀尚輕或揮霍浪費），他們可能會在短時間內耗盡所有的遺產。因此，也有許多人選擇將遺產設立成信託來進行資產的管理。

透過「信託目的」和「管理規則」，委託人能夠有效地控制並轉移財產給下一代。委託人不僅可以在生前設立信託來逐步移轉和管理財產，還可以採用「遺囑信託」的形式，這樣一來，即使在自己去世後，資產仍然可以按照自己的意願繼續進行規劃、管理和分配，成功實現資產的傳承與遺族照顧的雙重優點。

6.7

繼承遺產的十大必考題

　　有人在打拚終生、努力累積大量金錢後，選擇在離世時將財富變成「遺愛人間」的資產。

　　但反觀我們經常看到新聞報導，許多成功的企業家，因為生前並未針對遺產事先做好佈局規劃，導致當事人在往生後遺留龐大財產，兄弟間或子孫們等繼承人為金錢而意見分歧，延伸各種遺產爭奪的新聞事件，甚至對簿公堂，遺產分配長期懸而未決，繼承人們反目成仇，由「愛」生「恨」，結局令人不勝唏噓。

　　遺產與繼承的問題，不應只是在人往生後才開始思考，反而應於尚在世且有能力處理時就儘早規劃，避免未來子嗣因繼承而產生家族之間的衝突，尤其台灣許多知名中小企業都屬代代承接的「家族企業」，企業創辦人或負責人更應及早就包含個人及相關企業資產，預做資產與遺產的超前部屬與安排，才能將個人及企業多年努力奮鬥累積的資產傳承給下一代！

　　而就台灣遺產繼承法律上必須注意的十件事，筆者分別如下描述，若遇到相關範疇時請務必特別留意，及早做好相關應對與準備：

»遺產繼承順序

　　依照《民法》第 1138 條、第 1139 條及第 1144 條之規定，配偶（即夫妻間）與直系血親卑親屬（也就是被繼承人之子女）同為第一順位之繼承人，其後之繼承先後排序則為父母、兄弟姊妹、祖父母。

　　但需特別注意的是，除了配偶必然有繼承權外，其他前述的繼承人，只有當不存在前順位之繼承人時，後順位繼承人才能有依法繼承之權利。

»遺產分配比例（應繼分）

　　各繼承人分配之比例，也就是法律上所稱的「應繼分」，依照《民法》第 1141 條、第 1144 條規定，會因為生存之配偶與其他繼承人之親屬關係而有不同分配之比例（請參考第六章第一節）。

» 製作合法遺囑

遺產分配除了依照法律規定之應繼分外，同時也會尊重被繼承人生前對於遺產處分規劃的意志思，因此，以遺囑的方式來做爲被繼承人死亡後遺產分配之方式，亦所在多有。而法律爲了確保遺囑內容眞實且有效，因此明文規定了各種不同遺囑製作的方式，依照《民法》第 1189 條規定，遺囑有區分「自書遺囑」、「代筆遺囑」、「口授遺囑」、「公證遺囑」「密封遺囑」，且遺囑必須符合法律製作的方式及要件，否則遺囑可能會被認定無效，反而失去原本以遺囑分配遺產的美意。

» 遺產限定繼承

一般民眾過去常有「父債子償」的陳舊觀念，早期台灣採取「概括繼承」，確實會有繼承人須以個人財產來對於繼承取得之債務，負擔無限清償責任。

但在歷經《民法》多次修正後，現在已經改採「法定當然限定繼承」，也就是繼承人只以所繼承財產的數額範圍，來對繼承取得之債務負擔「有限清償責任」。

但繼承人仍應在知悉被繼承人死亡時起 3 個月內，向法院進行「陳報遺產清冊」程序，確保自己在繼承財產權利及承擔清償債務內的責任範圍。

» 遺產拋棄繼承

雖然台灣現今已經採取法定限定繼承，不過實務上，繼承人仍然需要依法配合相關繼承行政或司法流程。另外，對於所繼承之財產及債務仍負有結算之義務，因此，仍有諸多民眾不清楚自己所繼承財產與債務，或是乾脆尊重家族遺族間的決定，進而選擇拋棄繼承。

其實必須特別留意的是，依照法律規定，拋棄繼承者必須向被繼承人所在地之法院提出書面聲請並取得法院核備函，這才算是完成拋棄繼承的程序。

» 遺產繼承申報、納稅、登記

被繼承人死亡後，繼承人必須協助同相關權利義務做個結束，並且辦理繼承登記，而在繼承登記之前，需向醫院取得死亡證明書，並於被繼承人死亡後 30 日內，向戶政事務所申請除戶證明書，依照繼承人之情形，製作「繼承分配表」。

另外，需至國稅局調查被繼承人財產、債務及欠稅情形，並在被繼承人死亡日起 6 個月內，持「遺產稅申報書」等相關文件，以書面向「被繼承人戶籍地國稅局」辦理計算及申報，之後便會收到遺產稅繳納之稅單通知，納稅義務人即繼承人，則應於接到繳納通知書之日起 2 個月內一次繳清稅款，待取得「完稅證明」後才能辦理繼承財產登記。

» 「特留分」制度

遺囑可以就遺產提前進行分配方式的決定，但因爲法律有規定遺產繼承之特定比例，也就是第 2 點所述的「應繼分」，因此《民法》第 1223 條規定，對於應繼分中一定比例，以「特留分」之規定方式來保護。

對於繼承人遺產特留分部分，遺囑的分配方式也不能侵害，否則不僅遺囑的效力會有爭議，被侵害特留份的繼承人還可以依照《民法》第 1225 條規定，行使「扣減權」。

» 遺產繼承共有、分割及處分

遺產因被繼承人死亡後，由繼承人共同繼承取得財產，但各繼承人所分得部分，依照《民法》第 1151 條規定，在完成遺產分割之前，仍然維持「公同共有」關係，而在公同共有的狀態下，個人是不能任意處分所分得之部分的。

所以，假如想要出賣或轉讓繼承而來的財產，尤其是牽涉不動產例如土地或建物的處分，還是必須要進行「遺產分割」程序，並將公同共有變更爲「分別共有」的關係，繼承人才能進一步將透過繼承所分得的遺產出賣、移轉或處分。

» 繼承權受侵害 VS. 繼承回復請求權

對於遺產有繼承權利的繼承人，如果有發現應繼承的遺產遭到他人違法侵佔或竊取時，繼承人可依照《民法》第 1146 條「繼承回復請求權」的規定，自立救濟並回復自身繼承財產的權利狀態。但原則上，繼承人必須在知悉繼承權受侵害日起「2 年內」提出，否則該權利會因時效超過而無法主張，這屬於短期的時效規定，敬請務必特別留意。

» 遺產生前規劃 VS. 資產傳承工具

由於遺產稅稅率從 10% 到最高 20%，因此遺產雖可透過遺囑來進行處分或贈與，但為了避免繳交過高的遺產稅，仍有許多已累積相當資產或事業的人士，懂得在生前就透過各種合法的財務工具，達到資產移轉與合法節稅的目的。這部分又以透過財產「信託登記」的方式最為常見，透過符合個人意志的信託目的，將財產信託登記給信託管理人，合理地佈局與規畫資產，達到節稅及傳承的目的。另外，台灣公司法近年來新增加「閉鎖型股份有限公司」，一方面在某種程度上維持企業增長及對外募資開放性的需求，但因此保留了企業核心股東成員的非流動性與穩定性。以台灣實務上多存在有家族性企業的情形而言，這亦不失為維持家族企業及傳承資產的好選擇。實務上，以「保單」或提前將「資產合法移轉」，亦不失為提早將「財富傳承」的可行方案之一。

識財經
投資有辦**法**，不動產交易**救**安心

作　　　者　周念暉
視覺設計　徐思文
主　　　編　林憶純
企劃主任　王綾翊

總 編 輯　梁芳春
董 事 長　趙政岷
出 版 者　時報文化出版企業股份有限公司
　　　　　108019 台北市和平西路三段 240 號
　　　　　發行專線　（02）2306-6842
　　　　　讀者服務專線　0800-231-705、（02）2304-7103
　　　　　讀者服務傳真　（02）2304-6858
　　　　　郵撥　19344724 時報文化出版公司
　　　　　信箱　10899 台北華江橋郵局第 99 號信箱
時報悅讀網　www.readingtimes.com.tw
電子郵箱　yoho@readingtimes.com.tw
法律顧問　理律法律事務所 陳長文律師、李念祖律師
印　　　刷　勁達印刷有限公司
初版一刷　2024 年 10 月 18 日
初版二刷　2024 年 12 月 10 日
定　　　價　新台幣 380 元

時報文化出版公司成立於 1975 年，並於 1999 年股票上櫃公開發行，於
2008 年脫離中時集團非屬旺中，以「尊重智慧與創意的文化事業」為信念。

投資有辦法，不動產交易救安心 / 周念暉 著 . — 一版一刷 .
— 臺北市 : 時報文化出版企業股份有限公司 , 2024.10
232 頁 ;17*23 公分
　　　ISBN 978-626-396-588-1（平裝）
　　　1.CST: 財富 2.CST: 成功法
　　　554.89　113010709

ISBN　978-626-396-588-1
Printed in Taiwan.